찌푸린 지구의 얼굴
지구 온난화

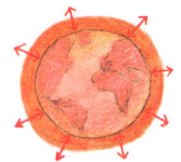   

찌푸린 지구의 얼굴
지구 온난화

허장회 글 • 박재현 그림

개정판을 내며

　2020년 여름 우리나라를 포함한 동아시아에서는 역대 최악의 물난리가 일어났습니다. 그리고 이어진 겨울에는 미국 텍사스주, 오클라호마주 등의 중남부 지역에 기록적인 추위가 찾아와, 기온이 무려 북극 근처에 있는 알래스카주보다 낮은, 무려 영하 30도에 이르렀지요. 제주도 기온이 이렇게까지 떨어진다면 어떨지 상상해 보세요.
　대기 과학자들은 전 세계에 나타나는 이러한 이상 기상 현상이 '지구 온난화' 때문에 나타나는 것이라고 추측하고 있습니다.
　우리가 2019년 말에 찾아온 코로나바이러스를 이겨 내듯이 지구 온난화의 위협도 이겨 낼 수 있을 거라고 생각하는 어린이가 많지요? 아저씨도 우리가 해낼 수 있을 거라고 믿어요.
　그러나 쉽지는 않을 거예요. 지구 온난화를 막으려면 오늘날 우리

가 쓰고 있는 에너지와 자원 그리고 거의 모든 사회·경제적 활동 방식을 바꿔야 하기 때문이에요.

  지구 온난화를 막기 위해 가장 먼저 해야 할 일이 무엇일까요? 지구 온난화가 왜 일어나는지부터 알아야겠지요? 이 책에서는 지구 온난화가 발생하는 원인을 과학적 사실을 통해 알아보고, 지구 온난화에 대한 오해와 진실도 차근차근 풀어 봅니다. 어린이 눈높이에 맞춰 쉽게 설명하였지요.

  이 책을 읽고 나면 지구 온난화와 기후 변화를 막는 방법에 대한 생각을 키울 수 있을 거예요. 더 나은 지구, 더 나은 우리 미래를 만드는 데 이 책이 작은 도움이 되면 좋겠습니다.

허창회

이 책을 읽는 어린이에게

 세상에서 그냥 생겨난 것은 아무것도 없어요. 길가에 피어 있는 풀과 나무, 하늘을 나는 고추잠자리나 비 오는 산 위에 피어오르는 안개도. 그래도 그냥 생겨난 게 있는 것 같다고요? 공기나 바닷물이나 지구 같은 것들은 원래부터 있었던 게 아니냐고요?

 천만의 말씀. 생명체가 살아가는 데 꼭 필요한 지구나 공기, 물은 우리 주변에 늘 존재하지만 원래부터 있었던 건 아니에요. 이들이 생겨난 과정은 너무나 경이로워요. 특히 수십억 년 전에 탄생한 지구는 그 탄생 과정이 너무나 놀라워 아저씨는 이따금 우주에 지구와 같은 행성이 또 있을까 상상하곤 해요.

 지구와 달을 한번 비교해 볼까요? 지구에는 생명체가 살 수 있지만

달에는 그렇지 않아요. 왜 그럴까요?

그건 달에 공기와 물이 없기 때문이에요. 그러면 달에는 왜 공기와 물이 없을까요? 처음부터 없었을까요?

그렇지 않아요. 달에도 처음에는 지구처럼 공기와 물이 있었을 거예요. 그런데 왜 지금은 없냐고요? 그건 중력 때문이에요. 달은 지구보다 훨씬 작고 가벼워서 공기와 물을 잡아 놓을 만큼 중력이 크지 못해 공기와 물이 모두 우주로 흩어져 버렸어요.

다행히 지구는 공기와 물을 잡아 놓을 적당한 중력을 갖고 있어요. 하지만 지구 크기가 지금과 달랐더라면 생명체가 살 수 없는 행성이 되었을 거예요. 지금보다 컸더라면 생명체가 살기에는 공기가 너무 많았

을 것이고, 작았더라면 생명체가 살기에는 공기가 부족했을 거예요.

　이처럼 지구의 탄생은 너무나 놀랍고 신비롭답니다. 적당한 크기와 무게 그리고 태양과의 적당한 거리가 있었기에 가능했지요.

　그런데 요즘 지구는 잔뜩 찌푸린 얼굴을 하고 있어요. 사람들이 엄청나게 뿜어 대는 온실가스 때문에 지구 온난화가 일어나고 있거든요.

　지구 온난화란 말은 많이 들어서 잘 안다고 생각하겠지만, 과학적으로 살펴보면 지구 온난화의 발생 과정은 생각만큼 간단하지 않아요.

　지구 온난화는 날씨와 기후 변화뿐만 아니라 우리 생활에도 많은 영향을 끼치고 있어요. 인류의 미래를 위협할 정도로 심각하지요.

그렇다면 지구 온난화에는 어떤 비밀이 숨어 있을까요? 지금부터 아저씨와 함께 그 비밀을 풀어 보지 않을래요?

허창회

이 책을 선택하신 부모님과 선생님께

　2100년이면 지금 태어난 아이가 100살에 가까운 나이가 될 때입니다. 그때의 세상은 지금과 얼마나 다를까요? 지난 100년 동안을 돌아본다면 앞으로 100년 뒤의 세상을 예상할 수 있지 않을까요?
　지난 100년 동안 지구촌에 일어났던 변화가 그 이전 100년, 그러니까 1800~1900년 동안 일어났던 변화와 비교했을 때 차이가 엄청나다는 사실을 생각한다면, 100년 뒤를 예측하는 건 처음부터 불가능한 일인지도 모릅니다. 인구가 엄청나게 늘 테고, 세상에는 점점 불확실한 일들이 많아질 테니까요. 그러나 단 한 가지, 너무나 확실한 사실이 있습니다. 바로 인구 증가, 산업 발달과 더불어 발생하는 환경 오염 때문에 지구 온난화와 기후 변화가 나타날 거라는 사실입니다.
　그럼 미래의 기후 변화에 대한 이야기를 하기에 앞서 과거에는 기후

　가 어떻게 변했었고, 현재는 어떻게 변하고 있는지 한번 살펴볼까요?

　날씨를 나타내는 가장 중요한 요인인 온도와 기압과 강수량 관측은 1800년대 중반 이후 유럽을 중심으로 시작해 1900년대에는 모든 대륙에서 이루어졌습니다. 그 뒤 기상 관측소는 폭발적으로 늘어나 현재에는 세계 어느 곳이든 기상 관측소가 있습니다. 특히 인공위성이 기상 관측에 본격적으로 사용되기 시작한 1970년대 말 이후, 지구상에서 기상 관측이 이루어지지 않은 곳은 없습니다. 과학자들은 기상 관측 자료를 분석하여 지구 온난화와 기후 변화를 연구합니다.

　오늘날에는 첨단 과학 기술과 첨단 장비 덕택으로 수십만, 수백만 년 전에 기후 변화가 어떤 형태로 나타났는지도 알 수 있습니다. 특히 땅속 깊숙이 숨겨진 퇴적물의 종류나 형태 그리고 빙하 속에 갇힌 산소

　동위 원소의 양을 조사하는 방법은 널리 이용되고 있습니다.
　수억 년 동안 지구를 지배했던 공룡이 한순간에 지구상에서 사라진 이유는 급작스러운 기후 변화 때문이라고 생각됩니다. 공룡이 사라진 뒤에도 지구에서는 기후 변화가 계속 일어났고, 여러 번의 빙하기와 간빙기가 반복되어 나타났습니다. 가장 최근에 나타난 빙하기는 1만5천 년 전이라고 과학자들은 말합니다. 우리는 지금 비교적 온도가 높은 간빙기에 살고 있습니다.
　많은 생물들은 빙하기와 간빙기 때처럼 지구의 평균 기온이 10여 도씩 변하는 기후 변화 속에서도 멸종하지 않고 살아남았습니다. 그런데 최근에 불과 1도 정도의 온도가 올라갔다고 인류의 진화와 멸종을 이야기하며 두려워하는 이유는 무엇일까요?

   그것은 최근 몇십 년 동안 지구의 평균 기온 상승 폭이 과거 수천 년 전 빙하기에서 간빙기로 변하면서 나타났던 온도 상승 폭보다 훨씬 크기 때문입니다.

   이 책은 과거에 일어났던 기후 변화를 살피면서 최근에 일어나고 있는 지구 온난화와 그에 따른 기후 변화에 대해 설명합니다. 나아가 이산화 탄소가 수증기에 비해서 온실 효과 역할이 작음에도 불구하고 많은 사람들이 지구 온난화의 주원인으로 알고 있는 이유가 무엇인지도 살펴봅니다.

허창회

차례

개정판을 내며 4
이 책을 읽는 어린이에게 6
이 책을 선택하신 부모님과 선생님께 10

2 온실 효과와 지구 온난화

온실과 온실 효과 33
온실 효과는 온실가스가 없으면 일어나지 않아요 35
지구는 태양 발전소에서 만들어지는 복사 에너지를 흡수해요 36
지구에 들어오는 태양 복사 에너지의 크기는 얼마나 될까요? 39
지구 온도의 비밀 41
대기에 있는 온실가스의 양은 매우 적어요 42
지구 온난화와 수증기의 비밀 44

1 이산화 탄소와 지구 온난화

기상과 기후는 어떻게 다른가요? 18
이산화 탄소의 두 얼굴 20
산업 혁명 이후 지구 온난화가 시작되었어요 23
해가 갈수록 빠르게 증가하는 이산화 탄소 26
지난 1천 년 동안 지구의 온도 28

3 대기 온도와 지구 온난화

이카로스는 날개가 얼어서 추락했을 거예요 50
하늘 높이 올라갈수록 낮아지는 온도 51
지구 표면은 지구의 난로? 53
지구 온난화와 대기 온도의 변화 55
대류권과 성층권에서는 높이에 따라 온도 변화가 달라요 55
오존층 57
대류권과 성층권에서 온도 변화가 다른 이유는? 59
화산이 폭발하면 대기 온도는 올라갈까요? 61

4 기후 변화와 지구 온난화

반복되는 것은 기후 변화가 아니에요   65
엘니뇨는 기후 변화가 아니에요   67
엘리뇨와 라니냐   68
우리나라는 엘니뇨의 영향을 받지 않아요   70
하늘을 뒤덮고 있는 거대한 바람의 흐름   72
우리나라 기후를 바꾸는 극 진동   73
우리가 사는 중위도에서는 서풍이 불어요   75
지구 온난화는 여러 곳에 기후 변화를 일으켜요   78
지구 온난화가 되면 태풍은 많아질까요?   80
태풍과 우리나라 집중 호우   82

5 지구의 미래와 지구 온난화

영화 〈투모로우〉에서 본 기후 변화   87
멕시코 난류의 기나긴 여행   90
지구 온난화는 절대 이롭지 않아요   92
목포에서 자라는 귤, 서울에서는 자랄 수 없다고요?   93
지구 온난화는 야생 식물, 곤충, 동물에게 큰 영향을 끼쳐요   94
사막화를 부르는 지구 온난화   96
가라앉고 있는 섬, 투발루   98
지구 온난화가 계속된다면…….   100
우리는 무엇을 해야 할까요?   101
태양 빛을 반사시키는 반사경   102
우리가 오염시킨 지구는 우리 후손이 살 지구이기도 해요   103

1
이산화 탄소와 지구 온난화

혹시 추운 지역에 사는 사람들의 코가 더운 지역에 사는 사람들의 코보다 대체로 크다는 사실을 알고 있나요? 왜 그런지에 대해서는 여러 이유가 있지만 아저씨는 대기 과학자의 입장에서 그 이유를 생각해 보았어요.

숨을 들이마실 때 갑자기 찬 공기가 들어오면 우리 몸이 놀랄 거예요. 하지만 찬 공기가 폐에 도달하기까지 가능한 한 많이 데워 준다면 덜 놀라겠지요. 이때 코가 크면 작을 때보다 공기가 콧속에 머무르는 시간이 길 테니 그만큼 추위를 덜 느끼지 않을까요? 아저씨는 이런 이유 때문에 추운 지역에 사는 사람의 코가 큰 게 아닐까 생각해요.

추운 지역에 사는 사람의 코를 예로 들었듯이 사람의 몸은 기후에 영향을 받아 진화해요. 물론 진화하는 데에는 엄청나게 오랜 시간이 걸리지요. 특히 살아가는 데 필요한 모든 것을 자연에서 구해야 하는

야생 동물이나 식물은 기후가 변했을 때 사람과는 비교할 수 없을 정도로 빠르게 반응해요. 만약 기후 변화에 잘 적응하지 못하는 생물이 있다면 안타깝지만 언젠가는 멸종하고 말 거예요.

기상과 기후는 어떻게 다른가요?

일기 예보 시간에 기상이나 기후란 말을 들어 본 적 있지요? 둘 다 날씨와 관련된 말이지만 뜻은 좀 달라요. 기상(氣象)을 한자대로 풀이하면 '맑거나 흐리거나 하는 **대기**의 현재 상태'를 뜻해요. 날씨와 같은 말이지요. 그러나 기후(氣候)는 날씨와는 달라요. 기후는 '오랜 기간에 걸쳐 나타난 날씨의 평균 상태'를 말해요.

예를 들어 8월의 기후라고 하면 8월의 평균 기온, 기압, 습도, 바람, 강수량, 구름 등을 말하는 거예요. 우리는 '오늘 날씨가 매우 좋다.'라고 말하지, '오늘 기후가 매우 좋구나!'라고 말하지 않아요. 또 '올해 기후가 벼농사에 도움이 되었어.'라고 하지, '올해 날씨가 벼농

☀ **대기** 지구 중력에 의해 지구 둘레를 둘러싸고 있는 기체.

대기의 **현재 상태**
기상 = 날씨

오늘은 날씨가 좋아!

기후

오랜 기간에 걸쳐 나타난
날씨의 평균 상태

집중 호우, 봄 가을, 여름 홍수, 태풍, 겨울 폭설 → 이상 기상 → 이상 기후

사에 매우 도움이 되었어.'라고 하지도 않고요.

기상과 기후의 차이를 알고 나면 이상 기상과 이상 기후의 차이도 쉽게 이해할 수 있어요. 이상 기상은 옛날에는 거의 나타나지 않던 이상한 날씨를 말해요. 어느 지역에 하루에 수백 밀리미터의 비가 내렸다든지, 초속 50~60미터 이상의 바람이 불었다든지, 기온이 섭씨 40도까지 올라갔다든지 하는 경우를 말하지요.

이런 이상 기상이 1년에 몇 번씩 반복된다면 어떨까요? 생각만 해도 끔찍하지요?

이렇게 이상 기상이 자주 나타나면 '이상 기후가 발생한다.'고 해요. 그런데 옛날에는 몇 년에 한 번 꼴로 나타나던 이상 기상이 요즘에는 너무 자주 나타나 오히려 이상 기상이 없는 해가 이상할 정도예요.

2000년에 중남미와 태평양 연안에 있던 나라들은 집중 호우로 국가 재산의 절반이 파괴되는 엄청난 피해를 입었어요. 우리나라도 예외는 아니에요. 봄에는 가뭄으로, 여름에는 홍수와 태풍으로, 겨울에는 한파와 폭설로 거의 해마다 큰 피해를 입고 있지요. 최근에는 여름 장마가 끝난 뒤 갑자기 내리는 집중 호우 때문에 더욱 피해가 심각한 상황이에요.

이산화 탄소의 두 얼굴

지구 온난화는 말 그대로 지구가 더워지는 것을 말해요. 사람들은 더우면 얇은 옷을 입거나 나무 그늘에 앉아 쉴 수 있지만 지구는 벗을 옷도 없고, 더위를 피해 쉴 곳도 없어요. 태양으로부터 멀리 떨어지면 온도를 낮출 수 있겠지만 현실적으로 불가능한 일이에요. 그러니 지구가 지구 온난화를 피할 방법은 거의 없어요.

그런데 문제는 지구 온난화의 영향이 단순히 지구가 더워지는 것으로 끝나지 않는다는 사실이에요. 지구 온난화가 진행되면서 예전에는 나타나지 않았던 이상 기상이 나타나 기후를 변화시키지요. 그래서 사람들이 지구 온난화를 매우 걱정하고 있어요.

그럼, 지구 온난화는 무엇 때문에 일어나는 걸까요? 그건 온실가스가 너무 많아졌기 때문이에요. 온실가스가 뭐냐고요?

온실가스는 마치 담요처럼 지구의 온도를 적절하게 유지시켜 주는 기체예요. 온실가스에는 여러 가지 종류가 있는데, 여러분이 잘 알고 있는 이산화 탄소도 포함돼요.

이산화 탄소의 두 얼굴

지구 온난화 발생 / 알맞은 온도 유지

사람들이 편리한 삶을 위해 수많은 공장을 지어 물건을 만들고, 자동차를 타고 다니면서 지구가 감당할 수 없을 정도로 많은 이산화 탄소가 공기 중에 뿜어져 나왔어요. 지금 이 순간에도 전 세계에서는 엄청난 양의 이산화 탄소가 공기 중으로 쏟아져 나오고 있지요.

화석 연료와 이산화 탄소

수백만 년 전, 어쩌면 훨씬 오래전부터 지구에 살던 생물이 죽어서 만들어진 석탄, 석유, 천연가스 등에는 엄청난 양의 탄소가 저장되어 있어요. 화석 연료를 지하 깊은 곳에서 캐내 태우면 그 안에 저장되어 있던 탄소가 산소와 만나서 이산화 탄소로 변해요. 이와 함께 공기를 더럽히는 여러 오염 물질도 함께 나오게 돼요.

그렇다고 이산화 탄소가 꼭 나쁜 것만은 아니에요. 이산화 탄소가 없으면 생명체는 아예 살아갈 수 없어요. 특히 식물이 살아가는 데에는 반드시 있어야 해요. 식물은 이산화 탄소를 흡수하고 햇빛을 받아 광합성을 하면서 성장하거든요.

또 적당한 양의 이산화 탄소는 지구 온도를 생물이 살아가기에 알맞게 만들어 줘요. 만일 이산화 탄소가 없었다면 지구 온도는 지금보다 훨씬 낮았을 거예요. 왜냐하면 이산화 탄소는 지구 온도를 적절하게 데워 주는 온실가스 가운데 하나이기 때문이에요.

탄소 순환

지구에서 이산화 탄소는 공기나 바다뿐만 아니라 모든 생명체들이 이산화 탄소를 흡수하고 내보내면서 적절한 양을 유지하고 있어요. 예를 들어, 식물이 낮 동안 광합성을 할 때에는 공기 중에 있는 이산화 탄소를 흡수하고, 밤에 호흡할 때에는 이산화 탄소를 공기 중으로 내보내요. 또 식물이 죽어서 썩을 때도 이산화 탄소가 나오지요.

바다에서는 플랑크톤이 식물과 같은 역할을 해요. 여러 화학 작용을 통하여 이산화 탄소가 바닷물에 녹거나 공기 중으로 내보내지기도 하지요.

산업 혁명 이후 지구 온난화가 시작되었어요

18세기 중반 영국에서 시작된 산업 혁명은 수천 년간 이어져 온 농업 중심 사회를 한순간에 공업 중심 사회로 바꿔 버렸어요. 사람이 하던 작업을 기계가 대신하면서 생산량이 엄청나게 늘어났지요.

옷을 예로 들면, 산업 혁명 이전에는 사람이 손으로 직접 만들어야 해서 작업이 매우 힘들고 시간도 많이 걸렸어요. 하지만 산업 혁명이 일어난 뒤로 사람이 하던 일을 기계가 맡으면서 짧은 시간에 많은 양의 옷을 쉽게 만들게 되었어요.

이때부터 인류는 그전에는 상상할 수도 없었던 엄청난 물질적 풍요를 누리게 되었지요. 그러나 물질의 풍족함을 나타내는 환한 얼굴 뒤에는 지구 온난화와 기후 변화라는 검은 그림자가 드리우고 있었어요.

수십 년 전까지만 해도 공장에서 나오는 연기와 폐수는 그 주변 지역만 오염시켰어요. 공장 지대를 벗어나면 깨끗한 공기로 숨 쉬고 깨끗한 물을 마실 수 있었지요. 그러나 100여 년 넘게 오염 물질이 쌓인 지금은 공장 지대든, 도심이든, 시골이든 상관없이 전 세계 많은 지역에서 환경 오염이 심각해지고 있어요.

산업 혁명

18세기 중반부터 19세기까지 영국에서 시작된 기술 변화로 인해 세계적으로 큰 변화가 일어났어요. 특히 경제적인 면에서 엄청난 변화를 가져왔지요. 이 사건을 산업 혁명이라 불러요. 산업 혁명을 통해 생활을 편리하게 하는 수많은 기계가 발명되었고, 나중에는 기계에 의한 대량 생산 체제가 확립되었어요.

해가 갈수록 빠르게 증가하는 이산화 탄소

산업 혁명 이전에는 공기 중에 이산화 탄소 양이 280ppmv(280ppmv는 공기 100만 개 중에 이산화 탄소가 280개 있음을 나타냄) 정도였어요. 이 양은 수천 년 동안 크게 변하지 않았어요. 하지만 산업 혁명이 일어난 뒤부터 계속 늘어나 1950년 무렵에는 이산화 탄소가 310ppmv가 되었어요. 200년 동안 30ppmv가 많아진 거예요.

1950년부터 이산화 탄소의 양은 빠르게 증가하여 2001년에는 370ppmv가 되었어요. 불과 50년 만에 60ppmv나 많아졌지요. 그 전 200년 동안 30ppmv가 많아진 것과 비교했을 때, 최근 50년 동안에는 60ppmv나 많아졌으니 증가 속도가 과거보다 8배나 커진 셈이에요.

지금으로부터 약 60년 전에 몇몇 대기 과학자는 공기 중에 이산화 탄소와 같은 온실가스가 많아지면 지구의 온도가 높아질 거라고 걱정했어요. 그러나 이러한 걱정과 우려는 산업을 발달시켜 국가 경제를 성장시켜야 한다는 주장에 밀려 사회적으로 관심거리가 못 되었어요.

여러분도 잘 알듯이 지난 수십 년 사이에 지구 온난화라는 엄청난 일이 일어났어요. 앞으로는 어떻게 될까요? 2001년에는 370ppmv 정도였는데, 이보다 60ppmv 많은 430ppmv에 도달하는 시기는 언제쯤일까요?

많은 과학자들의 예상으로는 세계 모든 나라가 이산화 탄소를 줄이려고 적극적으로 노력한다 해도 30년도 채 되지 않아 그렇게 된다고 해요. 만약 적극적으로 노력하지 않으면 그날은 훨씬 더 빨리 올 거예요. 이미 2020년 5월 이산화 탄소의 양은 417ppmv에 이르렀습니다.

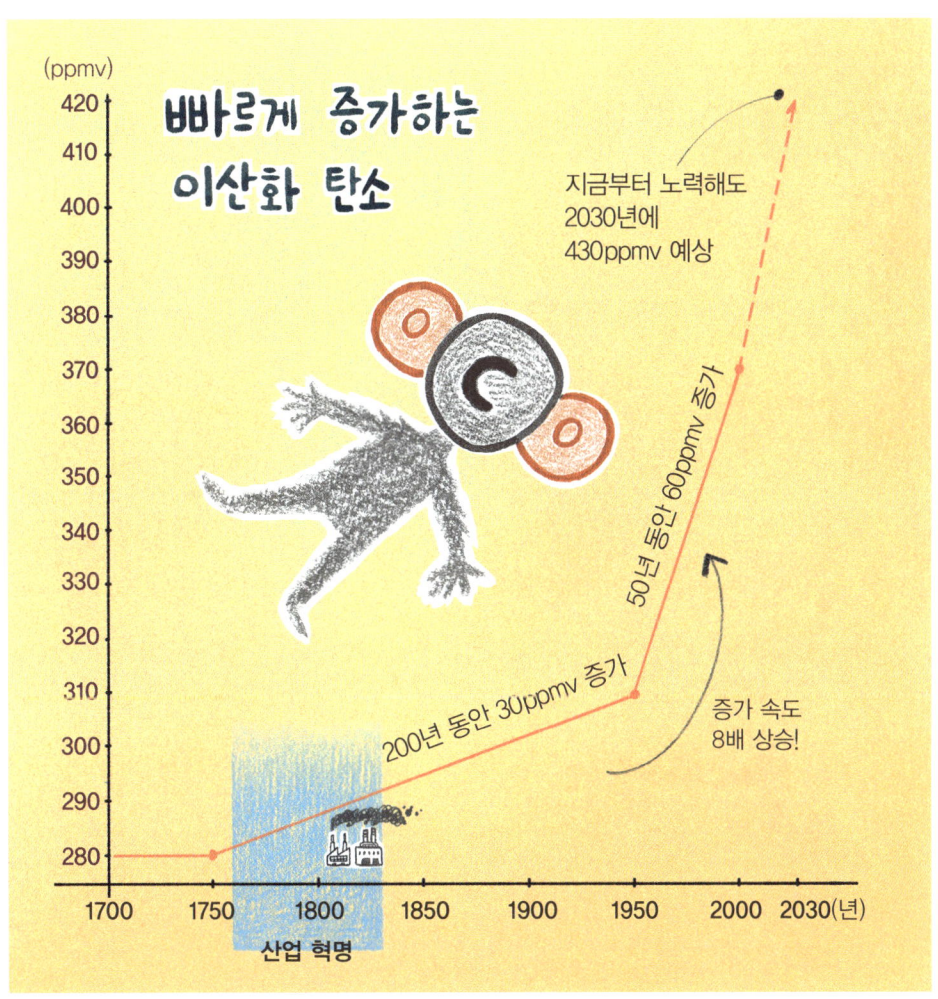

지난 1천 년 동안 지구의 온도

　1990년 이후 지구촌 곳곳은 무더위가 자주 기승을 부리는 바람에 심한 몸살을 앓았어요. 이 기간 동안 지구 온도는 온도계를 이용하여 측정하기 시작한 1800년대 중반 이후 가장 높았어요.

　과학자들은 나이테 등 온도 변화를 알아볼 수 있는 것들을 통해 지금까지 어떻게 기후가 변해 왔는지 연구했어요. 그 결과 현재 지구 온도가 지난 1천 년 동안의 온도보다 월등히 높다는 사실을 알아냈어요. 다시 말해 지난 1천 년 동안 지구 온도가 가장 높았던 때가 최근 10년 사이에 집중되어 있다는 거지요. 많은 과학자들은 이 사실을 통해 지구 온난화가 우연히 나타난 현상이 아니라고 확신했어요.

　'어, 지구 온난화라고 하더니 온도가 오히려 낮아지는 때도 있네.'

　맞아요. 1940년에서 1980년 사이에 지구의 온도는 분명히 낮아졌어요. 믿기지 않겠지만 그 당시 사람들은 지구 냉각화를 걱정했지요. 지구 온도가 낮아지면 곡식이 잘 자라지 않을 테니 식량 문제가 일어날 것이라고 걱정했고요. 어떤 과학자는 지구 온도가 낮아지는 것을 막기 위해 극 지역 빙하 위에 숯검정을 뿌려야 한다고 주장하기도 했어요. 숯검정이 햇빛을 빨아들이면 온도를 높일 수 있다고 생각했기 때문이에요.

　하지만 이제 사람들은 지구 온난화를 걱정하고 있어요. 지구 온도가 낮아질 때와 마찬가지로 지구 온도가 높아져도 곡식 생산량이 줄어들어 식량 문제가 일어날 거라고 걱정해요. 기후 변화가 잦아지면 모든 생태계가 제대로 유지될 수 없기 때문이지요.

이산화 탄소는 계속 늘어나고 있지만 지구의 온도는 어떤 해에는 높아지기도 하고 어떤 해에는 낮아지기도 해요. 왜 그럴까요? 이산화

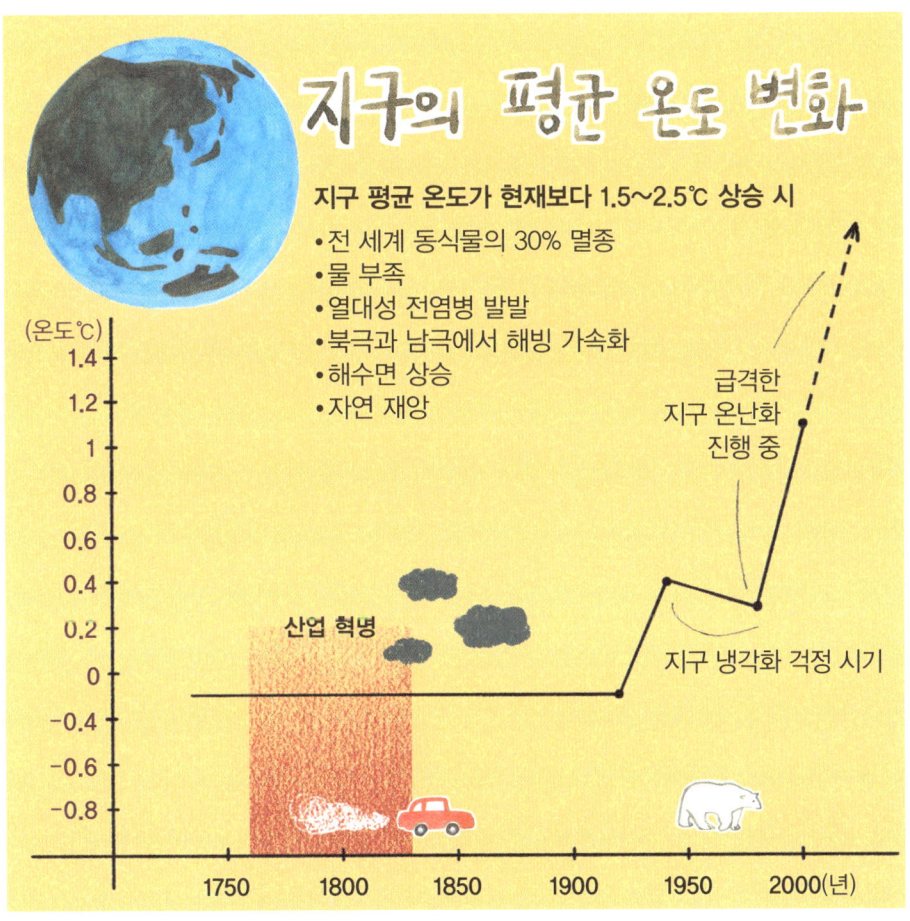

탄소가 늘어났는데 왜 지구 온도가 낮아질 때가 있을까요? 혹시 이산화 탄소 말고도 지구 온난화에 영향을 주는 다른 무엇이 있는 걸까요? 지구 온난화와 기후 변화를 일으키는 진짜 비밀을 지금부터 알아봐요.

2 온실 효과와 지구 온난화

'아니 땐 굴뚝에 연기 날까.'라는 속담이 있어요. 무슨 일이 일어났을 때는 반드시 원인이 있다는 말이지요. 지구 온난화도 마찬가지예요. 산업 혁명 이후 200년 동안 이산화 탄소가 공기 중으로 펑펑 뿜어져 나와 쌓이면서 지구 온난화가 일어난 거예요. 많은 과학자들은 엄청나게 늘어난 이산화 탄소가 지구 온도를 높였다고 믿어요.

그럼, 어떻게 이산화 탄소가 지구의 온도를 높였을까요? 이산화 탄소 속에 난로라도 들어 있는 걸까요? 아니면 공장에서 나오는 열이 배기가스에 들어 있는 이산화 탄소를 뜨겁게 해서 지구를 덥게 한 걸까요? 그것도 아니면 이산화 탄소가 우리가 덮는 담요처럼 지구를 포근하게 감싸고 있는 걸까요? 어떻게 눈에 보이지도 않는 기체인 이산화 탄소가 지구를 덥게 할까요?

온실과 온실 효과

이산화 탄소가 어떻게 지구 온도를 높이는지를 알기 위해서는 먼저 '온실 효과'에 대해 알아야 해요. 왜냐하면 이산화 탄소가 지구 온도를 높이는 이유가 바로 온실 효과 때문이거든요.

혹시 온실에 가 본 적이 있나요? 놀이공원이나 학교에 있는 식물원을 떠올려 보세요. 온실은 지붕과 벽면 모두 투명한 유리로 덮여 있어요. 왜 그럴까요? 밖에서도 온실 안의 식물을 잘 관찰하기 위해서라고요? 식물이 밖을 잘 보게 하기 위해서라고요?

둘 다 아니에요. 온실이 투명한 유리로 덮인 이유는 온실에 햇빛은 잘 들어오게 하고, 온실 안의 열은 밖으로 빠져나가지 못하게 하기 위해서예요. 그래야 온실 안의 온도가 높아지니까요. 실제로 온실 안의 온도를 재 보면 바깥보다 훨씬 높아요.

지구를 덮고 있는 공기 중에서 수증기, 이산화 탄소, 오존, 메탄 등의 온실가스가 온실의 유리와 같은 역할을 해요. 그래서 지구를 아주 커다란 온실이라고 부르지요.

온실 가스
Greenhouse gases

수증기
이산화 탄소 CO_2
오존 O_3
메탄 CH_4
아산화 질소 N_2O
수소 불화 탄소 HFC
과불화 탄소 PFC
육불화황 SF_6
⋮

지구 식물원

온실 효과는 온실가스가 없으면 일어나지 않아요

이산화 탄소가 온실가스라는 사실을 아는 사람들은 '혹시 지구 온난화가 온실 효과 때문에 일어나는 것이 아닐까?' 하고 생각해요. 물론 지구 온난화가 온실 효과 때문에 일어나는 것은 맞지만 정확한 답은 아니에요. 왜냐하면 온실 효과는 지구 온난화와 상관없이 공기, 정확하게는 온실가스가 있는 곳에서는 늘 일어나는 일이거든요. 그렇기 때문에 정확한 답은 '지구 온난화는 온실 효과가 커지기 때문에 발생한다.'예요.

지구를 감싸고 있는 공기는 대부분 질소와 산소로 이루어져 있어요. 이 두 기체를 합하면 전체 공기의 99퍼센트가 되니까 공기는 질소와 산소로 이루어져 있다고 해도 아주 틀린 말은 아니에요. 그러나 질소와 산소는 지구의 온도를 높이는 온실가스가 아니에요.

온실가스는 공기 중에 매우 적은 양을 차지하고 있는 수증기, 이산화 탄소, 오존, 메탄 등이에요. 이런 온실가스가 지구를 덮고 있는 담요인 셈이시요. 온실가스가 없으면 온실 효과는 일어나시 않아요.

지구는 태양 발전소에서 만들어지는 복사 에너지를 흡수해요

지구에 사는 모든 생명체는 태양으로부터 에너지를 얻어요. 식물은 햇빛을 받아 광합성을 하면서 자라고, 그 식물은 곤충이나 초식 동물들의 먹이가 되지요. 또 초식 동물은 육식 동물의 먹이가 되어 생태계가 유지되어요.

태양은 날씨를 바꾸는 원동력이 되기도 해요. 바람이 부는 것도, 비가 오는 것도, 사막이 생기는 것도 알고 보면 지구가 태양 에너지를 흡수하기 때문에 가능한 일이지요. 옛날 이집트 사람들이 태양을 신이라고 부른 것도 이런 이유였을 거예요.

지구는 태양 에너지를 흡수하여 온도를 높이지만, 반대로 그 온도에 대응하여 에너지를 우주 공간으로 내보내요. 이것을 '복사'라고 하는데, 복사란 말이 어려운 과학 용어이기는 하지만 이미 우리가 잘 알고 있는 현상이에요.

예를 들어, 숯불에 불이 꺼져도 가까이 가면 따스함이 느껴져요. 열이 우리에게 전달되기 때문이지요. 아저씨가 어렸을 때에는 숯불에 고구마나 밤을 넣어서 구워 먹었어요. 숯불은 고구마나 밤을 익힐 정도로 뜨거울 뿐만 아니라 그만큼 많은 양의 열을 내보내요. 이 열이 바로 숯불의 복사 에너지예요.

태양에서는 태양 복사 에너지가, 지구에서는 지구 복사 에너지가 나와요. 우리 몸에서도 36.5도에 해당하는 복사 에너지가 나오고요. 우리 몸뿐 아니라 온도가 있는 모든 물체에서는 복사 에너지가 나오지요.

여러분도 잘 알듯이 지구의 온도는 태양과는 비교할 수 없을 만큼 매우 낮아요. 그렇기 때문에 지구 복사 에너지는 태양 복사 에너지보

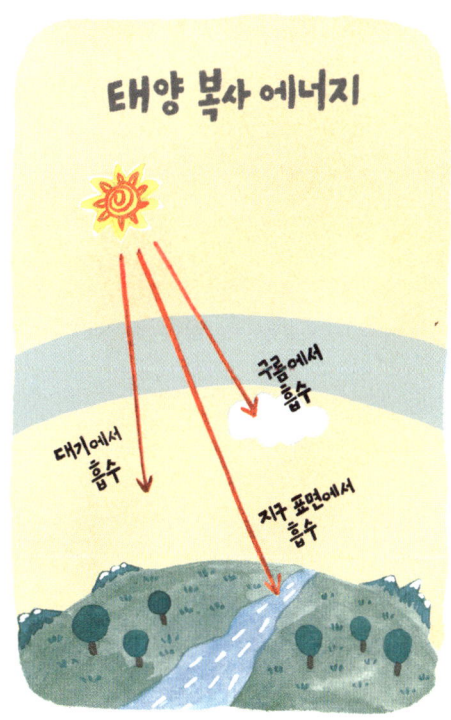
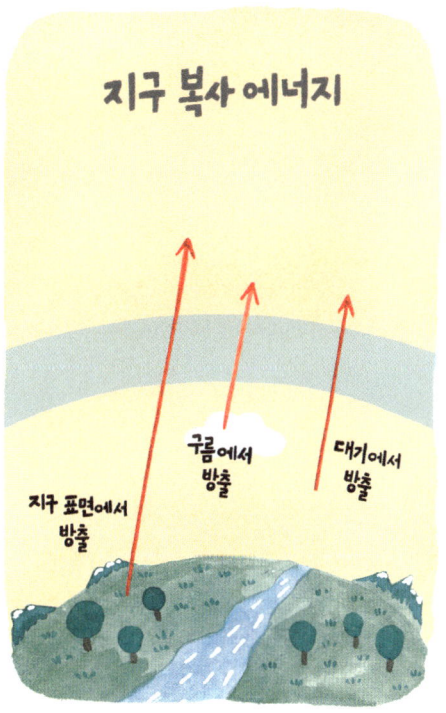

온도가 있는 모든 물체에서는 복사 에너지가 나옵니다.
태양에서는 태양 복사 에너지가, 지구에서는 지구 복사 에너지가 나옵니다.

다 훨씬 작아요. 수십만 배나 작지요.

지구에서 내보내는 복사 에너지가 태양 복사 에너지보다 작다고 무시하면 안 돼요. 지구가 태양 복사 에너지를 흡수만 하고 열을 내보내지 않으면 지구는 어떤 생명체도 살 수 없을 정도로 뜨거워질 테니까요.

하지만 그런 일은 절대로 일어나지 않을 거예요. 모든 물체는 자신이 갖고 있는 온도에 맞춰 복사 에너지를 내놓기 때문이에요.

지구의 온도는 지난 수십 억 년 동안 크게 변하지 않았어요. 지구에서 흡수하는 태양 복사 에너지만큼 지구 복사 에너지를 우주 공간으로 내보내기 때문이지요.

태양 에너지

태양은 가장 가벼운 기체인 수소로 이루어져 있는데, 핵융합을 통해 수소가 헬륨으로 바뀌면서 열과 빛을 우주로 내보내요. 태양에서는 매일 엄청나게 많은 수소 폭탄이 터진다고 상상하면 될 거예요. 태양 중심의 온도는 약 1,500만 도, 바깥 부분의 온도는 약 6천 도예요.

지구에 들어오는 태양 복사 에너지의 크기는 얼마나 될까요?

지구에 들어오는 태양 에너지의 크기는 태양의 표면 온도, 크기, 태양과 지구와의 거리를 알면 계산할 수 있어요.

인공위성에서 관측한 결과 지구 대기 꼭대기에 수직으로 들어오는 태양 복사 에너지의 양은 1제곱미터당 1,367와트예요. 주변에서 흔히 보이는 전구가 60와트라고 한다면 가로 1미터, 세로 1미터 되는 넓이에 60와트짜리 전구 23개가 지구를 비추고 있는 셈이지요. 그런데 지구가 태양으로부터 에너지를 받는 면적은 언제나 지구 전체 면적의 1/4 정도예요.

불을 끈 방에서 공에 전구를 비춰 보세요. 전구 빛이 닿는 공의 면적은 전체의 얼마나 되나요?

그래요, 1/4 정도예요. 게다가 지구는 들어오는 태양 복사 에너지를 모두 흡수할 수 없어요. 햇빛이 지구 표면이나 구름 등에 의해서 반사되기 때문이지요. 반사되는 양을 전부 합하면 30퍼센트 정도이니 지구는 태양 복사 에너지의 70퍼센트만 흡수해요. 이 내용을 정리하면 지구가 흡수하는 태양 복사 에너지를 계산할 수 있어요.

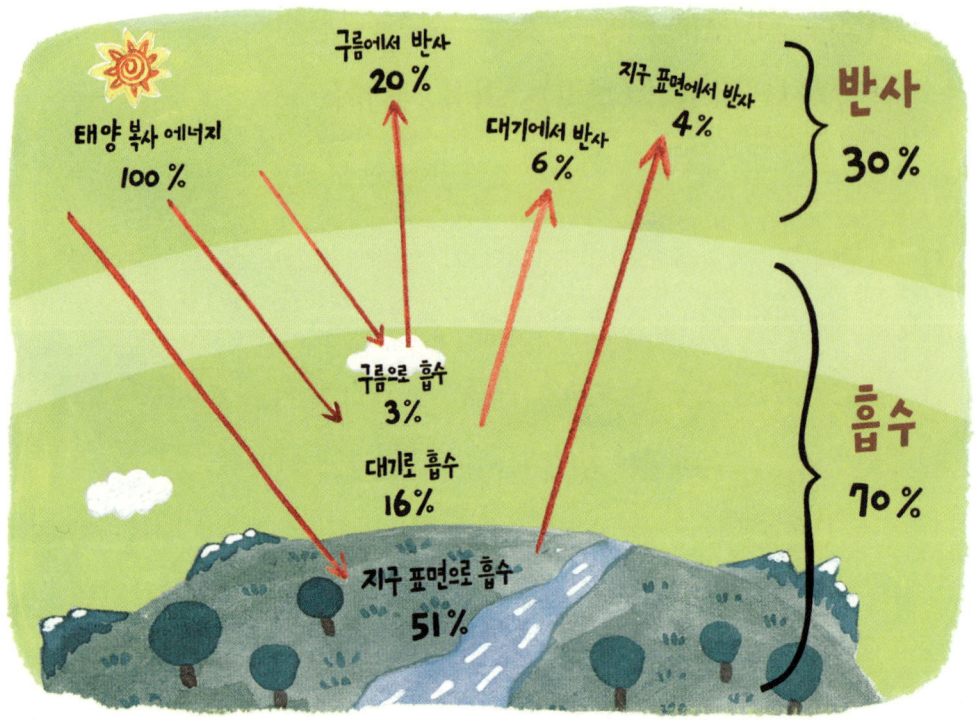

1제곱미터당 1,367와트 × 1/4 × 0.7 = 240와트

지구가 흡수하는 태양 복사 에너지 : 240와트

따라서 지구가 온도를 일정하게 유지하기 위해서는 1제곱미터당 240와트만큼의 에너지를 우주로 내보내야 해요. 이것이 바로 지구가 우주로 내보내는 복사 에너지 값이에요.

지구 온도의 비밀

온도가 있는 모든 물체는 복사 에너지를 내보낸다고 했어요. 지구도 온도에 비례하여 1제곱미터당 240와트씩 복사 에너지를 우주로 내보내지요. 그럼, 1제곱미터당 240와트의 복사 에너지를 내보내는 지구의 온도는 몇 도일까요?

지구 복사 에너지는 지구 온도의 4제곱에 비례해요. 이 값을 식에 맞춰 지구의 온도를 계산하면 영하 18도가 나와요. 그런데 좀 이상한 점이 있어요. 현재 지구의 표면 온도를 재 보면 15도 정도인데 계산된 온도는 영하 18도라니, 자그마치 33도나 차이가 나네요. 왜 그럴까요?

그 이유는 이 온도가 지구 표면에서 실제로 측정한 온도가 아니라 지구에서 나오는 복사 에너지만으로 계산한 온도이기 때문이에요. 그러면 실제 지구 표면 온도가 계산한 값의 온도보다 33도나 높은 이유는 무엇일까요?

그것은 지구 표면 온도가 지구에 있는 온실가스의 영향을 받아 높아졌기 때문이에요. 만일 온실가스가 없었다면 실제 지구의 표면 온도도 계산해서 나온 값과 마찬가지로 영하 18도였을 거예요. 이처럼 온실가스로 인해 지구의 온도가 33도만큼 높아지는 것이 바로 '온실 효과'예요.

대기에 있는 온실가스의 양은 매우 적어요

　질소와 산소는 전체 공기 중 대부분을 차지하지만, 온실가스는 아니에요. 온실가스라고 하면 대개 이산화 탄소, 오존, 메탄, 수증기를 말해요. 지구 온도가 15도를 유지하는 이유는 온실 역할을 하는 온실가스 덕분이지요. 온실가스는 공기 중에서 매우 적은 양이지만 온실 역할을 톡톡히 하고 있어 생명체가 지구에서 살기에 적합한 조건을 만들어 주어요.
　만일 공기 중에 온실가스가 사라진다면 어떻게 될까요? 온실 효과는 즉시 사라지고 지구의 온도는 영하 18도까지 금세 떨어질 거예요.
　온실가스 중 온실 효과에 가장 큰 역할을 하는 가스는 무엇일까요? 수증기예요. 많은 사람들이 이산화 탄소가 온실 효과에 가장 큰 영향을 미칠 거라고 생각하지만 실제로는 수증기의 역할이 가장 크지요.
　공기 중에 이산화 탄소의 양은 현재 400ppmv 정도예요. 공기 분자 100만 개 중 400개 정도지요. 오존과 메탄은 이보다 훨씬 적어요. 이들 세 기체를 모두 합해도 공기 전체의 0.04퍼센트에도 미치지 못해요. 나머지 온실가스인 수증기는 주로 지구 표면 가까운 대기층 부근에 많은데, 그 양은 시간과 지역에 따라 심하게 변하고, 위로 올라갈수록 급격하게 줄어들어 땅에서 10킬로미터 높이에 이르면 공기 분자 100만 개 중에 5개 미만일 정도로 적어요.

전체 대기 중 **질소, 산소 99%**

그중 1%

온실 가스 { 이산화탄소 / 오존 / 메탄 / 수증기 }

온실 가스는 공기 중에 **매우** 적은 양을 차지하고 있지만,
온실의 역할을 톡톡히 하고 있습니다.

지구 온난화와 수증기의 비밀

온실 효과에 이산화 탄소보다 수증기가 더 큰 역할을 하는데도, 지구 온난화를 일으키는 주범을 이산화 탄소로 생각하는 이유는 무엇일까요?

바로 이산화 탄소가 산업 발달과 더불어 가장 두드러지게 증가하고 있기 때문이에요. 수증기는 온실 효과에 가장 중요한 역할을 하는 온실가스이기는 하지만 산업의 발달과는 직접 관련이 없어요. 공장이나 자동차에서 매연을 많이 뿜어낸다고 수증기가 증가하는 건 아니니까요. 또, 오존은 위로 올라갈수록 오히려 감소하고, 메탄은 아직까지 이산화 탄소보다 적지요.

물론 온실가스인 이산화 탄소가 증가하니까 온실 효과가 커지는 것은 맞아요. 그러나 이산화 탄소가 어떻게 지구 온난화에 영향을 미치는지를 이해하기 위해서는 수증기에 의한 온실 효과에 대해 알아야 해요. 수증기 없이 이산화 탄소만으로는 지구 온난화가 심각해지지 않거든요.

앞에서 이야기했듯이 이산화 탄소가 많아져 온실 효과가 커지면 지구의 표면 온도가 올라가 주변에 있는 대기 온도를 높여요. 지구의 표면 온도가 올라가면 표면으로부터 나오는 지구 복사 에너지가 커지고, 그러면 대기는 더 많은 복사 에너지를 흡수하게 되니까요. 숯불

 산업화로 대기 중 이산화 탄소 증가

온실 효과 증가

지구 온난화 과정

대기 온도 상승
수증기 양 증가

지구 표면 온도 상승
지구 복사 에너지 방출 증가

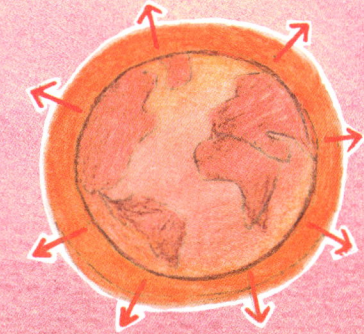

온도를 높이면 그 주위가 더 따뜻해지는 것과 같은 원리지요.

이렇게 온도가 올라가면 공기 중에 더 많은 수증기가 생겨요. 온도가 높아지면 분자 운동이 활발해지고, 공기 중에 수증기가 비집고 들어갈 틈이 커져 수증기가 많아지거든요. 수증기에 의한 온실 효과도 커져요. 그래서 수증기에 의한 온실 효과는 이산화 탄소에 의한 온실 효과보다 훨씬 크지요.

결론적으로 지구 온난화는 많아진 이산화 탄소로 인해 대기 온도가 높아지고, 높아진 대기 온도로 인해 수증기가 많아져 온실 효과가 커지기 때문에 발생해요.

그리스 신화에 나오는 다이달로스는 아테네에서 뛰어난 기술을 가진 유명한 장인이자 발명가였어요. 다이달로스는 그리스어로 기술이 뛰어난 장인이라는 뜻이지요. 어느 날 미노스 왕이 다이달로스에게 크레타에 아주 특별한 궁전을 지으라는 명령을 내렸어요. 다이달로스는 한번 들어가면 영원히 빠져나올 수 없는 미궁을 설계했지요.

궁전이 완성되자 성격이 괴팍했던 미노스 왕은 궁전의 비밀이 다른 사람들에게 알려질까 봐 걱정했어요. 미노스 왕은 궁전을 만든 다이달로스와 그의 아들 이카로스를 감옥에 가두었어요. 하지만 최고의 발명가인 다이달로스에게 감옥에서 빠져나가는 방법을 찾는 것쯤은 그리 어려운 일이 아니었어요. 다이달로스는 미노스 왕이 상상도 하지 못할 방법을 찾았지요.

다이달로스는 아들과 함께 탈출하기 위해 새의 깃털을 모아 날개 모양의 틀에 잡아맨 뒤 밀초로 이어 붙였어요. 날개가 완성되자 다이달로스는 아들에게 하늘을 나는 방법을 가르쳐 주었지요.

감옥에서 탈출하기 전, 다이달로스는 아들에게 절대 태양 가까이 가지 말고 자기 뒤를 쫓아오라고 당부했어요. 그러나 이카로스는 난다는 사실에 너무 흥분한 나머지 아버지의 충고를 무시한 채 이글이글 불타오르는 태양 가까이까지 가고 말았어요. 그러자 깃털을 붙였던 밀초가 녹아 버려 이카로스는 바다에 빠져서 죽고 말았어요. 다이달로스는 탈출에는 성공했지만 아들을 잃은 슬픔이 너무나 커서 만든 날개를 신에게 바쳤지요.

이카로스는 날개가 얼어서 추락했을 거예요

 아저씨는 어렸을 때 그리스 신화에 나오는 다이달로스 이야기를 읽고, 날개를 만들어 감옥을 탈출하는 다이달로스의 아이디어에 감탄했어요. 하지만 이카로스가 아버지의 말을 듣지 않고 태양 가까이를 날다 날개가 망가져 떨어질 때는 안타까웠어요.
 그런데 대기 과학을 공부한 아저씨가 볼 때 이카로스가 하늘 높이 날다 태양열에 밀초가 녹아 떨어졌다는 이야기는 실제로는 일어날 수 없는 일이에요. 왜냐하면 하늘 높이 올라갈수록 온도는 낮아지거든요. 이카로스가 진짜 하늘 높이 날았다면 밀초가 녹아서 날개가 망가지는 일은 없었을 거예요. 오히려 너무 추워 날개가 얼어서 추락했을 수는 있겠네요. 잘 이해가 안 된다고요?

하늘 높이 올라가면 태양에 가까워지니 밀초가 녹아서 날개가 망가졌을 거라고 생각할지도 모르겠네요. 하지만 지구가 태양으로부터 얼마나 멀리 떨어져 있는지 한번 생각해 보세요. 무려 1억 5천만 킬로미터나 돼요. 비행기를 타고 간다 해도 2년은 날아가야 할 만큼 멀리 떨어져 있어요.

그렇다면 하늘의 높이는 얼마나 될까요? 공기가 조금이라도 있는 곳까지 다 계산해도 지구에서 200킬로미터, 혹은 300킬로미터 정도밖에 되지 않아요. 비행기로 간다면 몇십 분 안에 갈 수 있는 거리예요. 다시 말해 땅에서 하늘 끝까지의 거리는 지구에서 태양까지의 거리와 비교했을 때 엄청나게 짧기 때문에, 아무리 하늘 높이 난다고 해도 땅에서보다 태양열을 더 많이 받아 밀초가 녹는 일은 없다는 말이지요.

하늘 높이 올라갈수록 낮아지는 온도

1천 미터 이상의 높은 산에서는 기온이 평지보다 10도 정도 낮아요. 그래서 무더운 여름에 등산할 때에도 점퍼는 꼭 필요하지요. 왜 그럴까요? 왜 산에 높이 올라갈수록 온도가 낮아지는 걸까요?

그 이유는 하늘 높이 올라갈수록 대기 온도가 낮아지기 때문이에요. 그러면 왜 높은 하늘에서는 대기 온도가 낮아질까요?

이상하다~ 왜 올라갈수록 점점 추워지지?

공기가 가벼워져서일까요? 아니면 하늘로 올라갈수록 바람이 세게 불기 때문일까요? 그것도 아니면 태풍 씨앗이 하늘에 있기 때문일까요?

답은 의외로 간단해요. 추운 날 난로 옆에 가까이 있으면 덥고 난로에서 떨어져 있으면 춥지요? 바로 그것이에요. 지구에서 난로 역할을 하는 것은 지구 표면인데, 하늘로 올라갈수록 난로인 지구 표면에서 멀리 떨어지니까 온도가 낮아지는 거예요.

지구 표면은 지구의 난로?

지구 표면이 지구의 난로라고요? 지구 표면은 태양으로부터 아주 멀리 떨어져 있는데 어떻게 난로가 될까요? 예를 들어, 아무리 추운 겨울이라도 찬바람이 불지 않는 양지 바른 곳에 앉으면 따뜻하지요? 양지에서는 태양 에너지가 많이 흡수되기 때문에 봄에도 햇빛이 잘 들지 않는 곳에 비해 꽃도 빨리 펴요. 지구 표면이 지구의 난로라고 하는 것도 이와 비슷한 원리예요.

지구 표면은 지구에 들어오는 태양 에너지의 절반가량을 흡수하는데, 바다나 호수에서 가장 많이 흡수돼요. 육지에서도 흡수되는데 식물이 풍부할수록 많이 흡수되지요. 사막이나 눈이 쌓인 곳에서는 상대적으로 태양 에너지가 적게 흡수돼요.

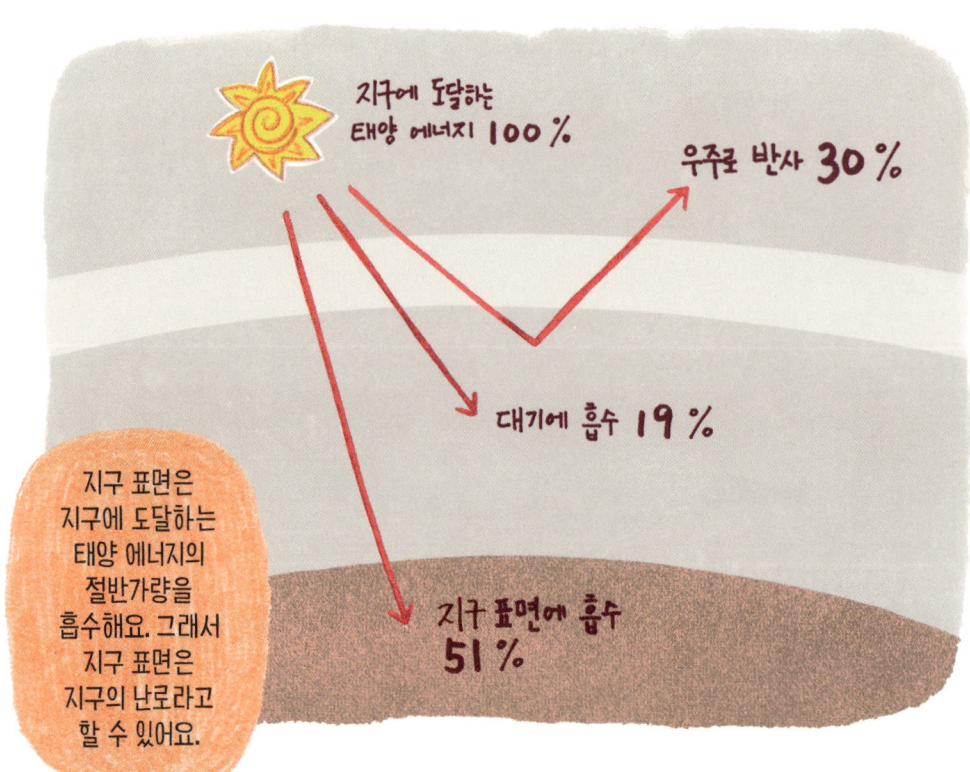

지구 표면은 지구에 도달하는 태양 에너지의 절반가량을 흡수해요. 그래서 지구 표면은 지구의 난로라고 할 수 있어요.

반면에 지구를 둘러싼 대기에서 흡수되는 태양 에너지 양은 지구 표면에서 흡수되는 태양 에너지 양의 40퍼센트 정도예요. 지구 표면에서 흡수되는 태양 에너지가 대기층에서 흡수되는 양보다 훨씬 많은 셈이지요.

지구 온난화와 대기 온도의 변화

지구 온난화는 온실 효과가 커져서 지구의 땅이나 바닷물 온도가 올라가는 것을 말해요. 그렇다면 온실가스는 공기 중에 섞여 있는 기체니까 당연히 모든 대기층에서도 온실 효과가 커져 온도가 높아질 거라고 생각할 수도 있겠네요. 정말 그럴까요?

이제부터 지구 온난화가 진행되면 지구를 둘러싼 대기 온도는 어떻게 변하는지 알아보도록 해요. 만약 대기의 온도가 올라간다면 왜 온도가 올라가는지, 온도가 변하지 않거나 오히려 낮아지고 있다면 그 이유는 무엇인지 하나씩 과학적으로 살펴보도록 해요.

대류권과 성층권에서는 높이에 따라 온도 변화가 달라요

지구를 둘러싼 대기는 온도가 어떻게 변하는지에 따라 대류권, 성층권, 중간권, 열권으로 나뉘어요. 하나씩 살펴볼까요?

대류권은 땅 위 10킬로미터 정도 높이에 있는 낮은 공기층을 말하는데, 높이 올라갈수록 그러니까 지구 표면과 멀리 떨어질수록 온도가 낮아져요. 대류권에는 전체 공기의 90퍼센트 정도가 몰려 있고, 대부분의 기상 현상이 여기서 발생해요. 아주 강한 비구름이나 태풍이 있을 때 구름이 가장 높이 올라갈 수 있는 곳이 대류권 꼭대기라고 생각하면 돼요. 비행기는 대개 대류권보다 높이 날기 때문에 비행기

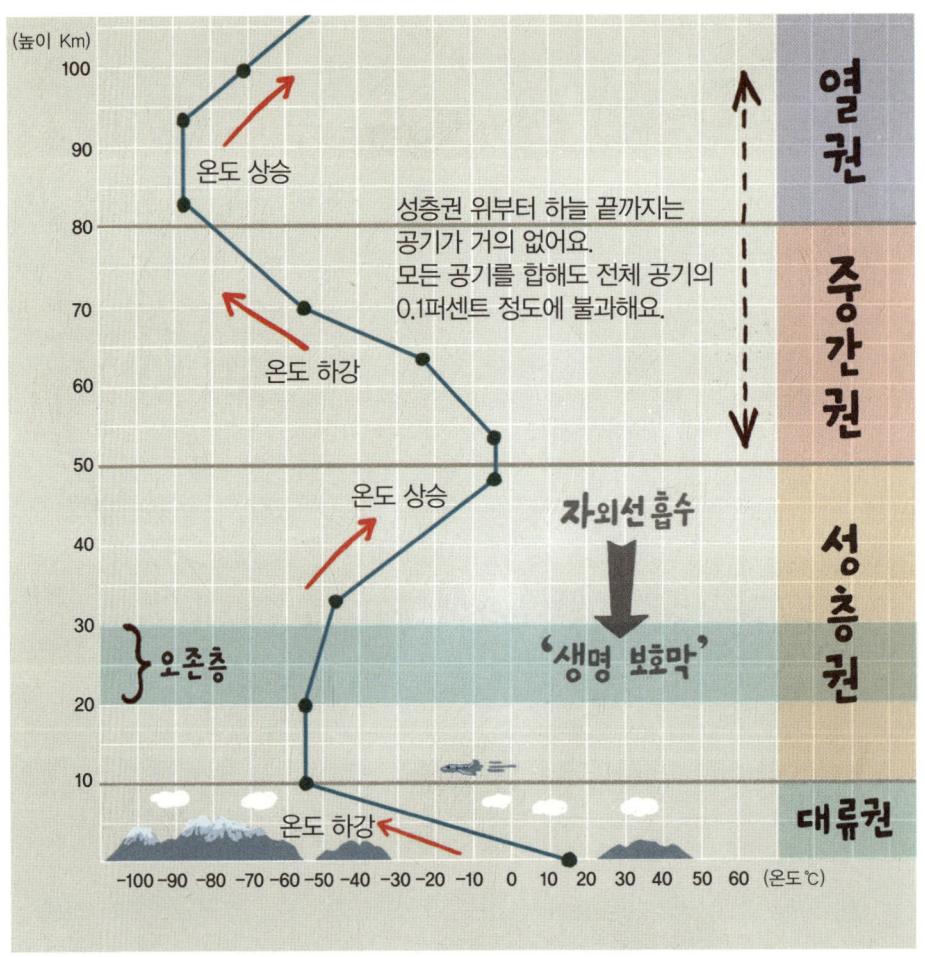

가 날고 있는 높이에서는 비가 내리거나 눈이 내리지 않아요.

 대류권 위에는 성층권이라고 불리는 층이 있어요. 고도로 보면 땅 위 10킬로미터부터 50킬로미터 사이지요. 성층권에는 전체 공기의 10퍼센트 정도가 있고, 온도는 대류권과는 반대로 올라갈수록 높아져요. 왜 온도가 높아지냐고요?

 그 이유는 성층권에 있는 오존이 태양 복사 에너지를 흡수하기 때문이에요. 특히 오존은 태양 복사 에너지 가운데 생명체에 치명적인 영향을 주는 자외선을 거의 다 흡수하기 때문에, 오존층을 지구에 살고 있는 생명체를 지켜 주는 '생명 보호막'이라고 해요.

 산소 분자는 산소 원자 두 개, 오존 분자는 산소 원자 세 개로 이루어져요. 태양의 강한 에너지는 산소 분자를 산소 원자로 분리시키고, 분리된 산소 원자는 산소 분자와 결합하여 오존 분자를 만들지요. 반대로 오존 분자는 산소 분자와 산소 원자로 나눠지기도 하고, 다른 산소 원자와 결합하여 두 개의 산소 분자를 만들기도 해요.

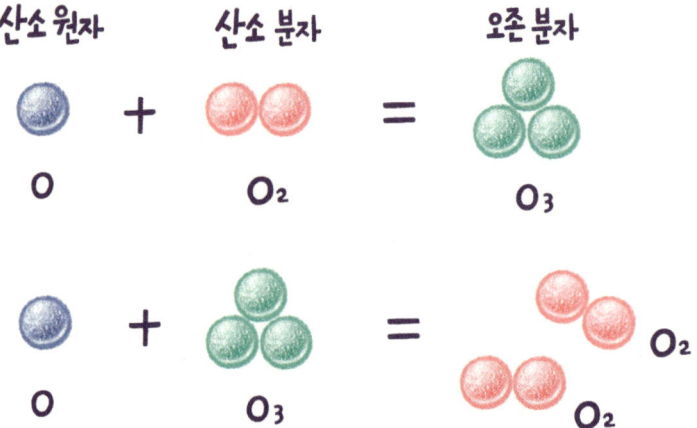

　이처럼 지구에서는 산소 원자, 산소 분자, 오존 분자가 만들어지고 나눠지는 과정이 반복되면서 평형 상태가 유지돼요. 특히, 태양 빛이 강하고 산소 분자가 풍부한 지구 표면으로부터 약 20~30킬로미터 높이의 성층권에는 오존 분자가 많이 모여 있지요. 이것을 오존층이라고 불러요.

　지구 생명체에게 치명적인 자외선은 대부분 오존층에서 흡수돼요. 따라서 오존층은 지구 생명체가 마음 놓고 살 수 있는 환경을 만들어 주는 고마운 존재예요. 지구가 처음 생겨났을 때에는 산소가 없었기 때문에 당연히 오존층도 없었어요. 바다에 있는 작은 녹색 식물이 진화하면서 조금씩 산소를 만들어 냈고, 그 양이 충분해졌을 때 성층권에 오존층이 만들어졌어요. 생명체는 오존층이 만들어진 뒤에야 지구 표면에서 생활할 수 있게 되었지요.

대류권과 성층권에서 온도 변화가 다른 이유는?

지구 온난화 때문에 지구 표면과 대류권에서는 온도가 높아지고 있어요. 반대로 성층권에서는 온도가 낮아지고 있어요. 2000년 무렵에 관측된 성층권의 온도는 1960년대에 관측된 온도보다 2도나 낮지요. 왜 그럴까요? 왜 대류권에서는 온도가 높아지고 성층권에서는 온도가 낮아질까요?

대류권에서 온도가 높아지는 이유는 지구 표면에서 내보내는 지구 복사 에너지의 대부분을 대류권에서 흡수하기 때문이에요. 지구 표면 온도가 높아지면 밖으로 내보내는 지구 복사 에너지가 많아지는데, 그렇게 되면 대류권은 더 많은 지구 복사 에너지를 흡수하게 되어 온도가 높아지지요. 대류권에 있는 수증기와 이산화 탄소가 지구 복사 에너지 대부분을 흡수하거든요.

그렇다면 성층권에서 온도가 낮아지는 이유는 뭘까요? 지구 표면에서 내보내는 지구 복사 에너지가 성층권까지는 미치지 못하는 걸까요?

지구 표면에서 나가는 지구 복사 에너지는 대부분 지구 표면 부근과 대류권에서 흡수되지요. 그렇기 때문에 지구 온난화로 지구 표면 온도가 높아져도 성층권까지 도달하는 지구 복사 에너지는 거의 변하지 않아요. 그런데 이산화 탄소가 많아진 성층권에서는 지구 복사 에

너지를 더 많이 내보내고 있어요. 결국 성층권에서는 지구 표면과 대류권으로부터 흡수하는 지구 복사 에너지가 변하지 않고, 대류권과 우주 공간으로 내보내는 지구 복사 에너지가 많아져서 오히려 온도가 낮아지지요.

화산이 폭발하면 대기 온도는 올라갈까요?

커다란 화산이 폭발하면 대기 온도는 어떻게 변할까요? 화산에서 뿜어져 나오는 불기둥이 공기를 태워 버리거나 대기 온도를 엄청나게 높여 지구 온난화를 더 빠르게 진행시키지는 않을까요? 아니면 반대로 화산 꼭대기에서 하늘로 솟구쳐 올라간 먼지가 태양 빛을 막아 지구 온도를 급격하게 떨어뜨리는 건 아닐까요?

이 물음에 답하기 전에 먼저 옛날에 화산이 폭발하고 난 뒤 대기 온도가 어떻게 변했는지 살펴보도록 해요.

대규모 화산 폭발이 일어나면 성층권에서는 폭발과 동시에 온도가 급격하게 올라가 1~2년 동안 높은 온도를 유지해요. 최근 수십 년 사이에 전 세계적으로 세 번의 대규모 화산 폭발이 있었어요. 미국 세인

트 헬렌스 화산(1980년)과 멕시코 엘치촌 화산(1982년)과 필리핀 피나투보 화산(1991년)이 폭발하였지요. 그 결과 성층권 아래쪽 부분에서 온도가 1~2도가량 높아졌어요.

화산이 폭발하면 엄청난 양의 화산재가 대기로 뿜어져 나와 대류권뿐 아니라 성층권까지도 올라가요. 이 화산재는 대기 흐름을 타고 다른 지역으로 이동하기 때문에 화산이 폭발한 지점과 상관없이 수개월 뒤에는 전 지구를 덮게 되지요. 화산재는 크기가 큰 것은 무겁기 때문에 빨리 지구 표면에 떨어지지만, 작은 것은 지구 표면에 떨어지기까지 수년이 걸리는 경우도 있어요.

이렇게 쌓인 성층권의 화산재는 태양 복사 에너지를 흡수하여 성층권의 온도를 올려요. 이때 성층권에서 태양 복사 에너지가 더 많이 흡수된 것만큼 지구 표면에서 흡수되는 양은 줄어들어요. 그렇게 되면 지구 표면 온도는 화산 폭발과 함께 낮아질 것 같지만 실제로는 거의 변하지 않지요.

지구의 온도 변화에 영향을 끼치는 것들은 헤아릴 수 없을 만큼 많이 있어요. 화산재에 의한 태양 복사 에너지의 감소는 그 많은 요인 가운데 하나일 뿐이에요.

4 지구 온난화

옛날에 아저씨가 태어나기 전에는 한강이 자주 얼었다고 해요. 눈도 많이 내려 서울에 눈이 허리까지 쌓이기도 했대요. 아마 여러분의 할아버지와 할머니는 얼음이 두껍게 덮인 한강을 걸어서 건너거나 썰매도 탔을 거예요. 하지만 요즘 서울에는 가끔씩 큰 눈이 내리기는 하지만 금세 녹아 버리고, 아무리 추워도 한강이 어는 일은 거의 없어요. 언다고 해도 살얼음이 어는 정도지요. 눈 내리는 횟수도 줄어들었고요.

지구 온난화 때문에 이런 일이 일어날까요? 아니면 다른 이유가 있을까요?

물론 지구 온난화가 가장 주요한 원인일 거예요. 그동안 지구 온난화 때문에 온도가 높아져 기후가 변했으니까요.

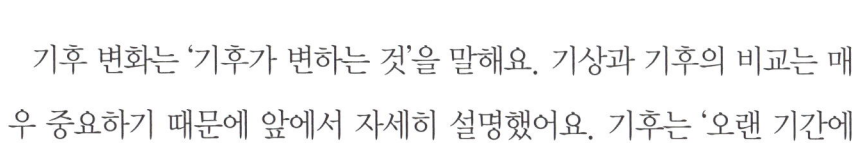

기후 변화는 '기후가 변하는 것'을 말해요. 기상과 기후의 비교는 매우 중요하기 때문에 앞에서 자세히 설명했어요. 기후는 '오랜 기간에 걸쳐 나타난 날씨의 평균 상태'예요.

우리나라 기후의 대표적인 예는 봄, 여름, 가을, 겨울 뚜렷한 사계절을 꼽을 수 있어요. 전 세계적으로도 우리나라만큼 사계절이 뚜렷한 나라는 찾기 어려워요. 그럼, 계절이 바뀌는 것도 기후 변화가 아니냐고요?

그렇다면 우리나라는 1년에 네 번씩 기후 변화가 생기는 걸까요? 계절이 바뀌듯이 반복해서 일어나는 것은 기후 변화가 아니에요. 사계절이 바뀌는 것은 우리나라 기후의 특징일 뿐이에요.

기후가 변해서 예전의 기후로 되돌아가지 않을 때, 이때 '기후 변화

계절이 바뀌는 이유

계절은 지구 자전축이 23.5도만큼 기울어진 상태로 태양 주위를 돌고 있기 때문에 생겨요. 만일 지구가 똑바로 서 있다면 우리나라에는 여름과 겨울이 없고, 봄이나 가을과 같은 날씨가 1년 내내 계속될 거예요. 햇빛을 받는 양이 계절에 따라 변하지 않기 때문이지요.

중위도에 위치한 우리나라는 북반구가 태양을 보고 있는 여름에는 무더위가 찾아오고, 남반구가 태양을 보고 있는 겨울에는 강추위가 찾아와요. 북극에서는 여름에는 종일 해가 지지 않는 '백야'가 나타나고, 겨울에는 이와 반대로 밤이 계속되지요.

가 일어났다.'고 해요. 한강의 얼음을 예로 들었듯이 기후 변화는 지구 온난화와 서로 밀접하게 연결되어 있어요. 이런 면에서 지구 온난화는 기후 변화를 일으켰다고 할 수 있지요.

엘니뇨는 기후 변화가 아니에요

많은 사람들이 기후 변화라고 착각하는 것 가운데 '엘니뇨'가 있어요. 엘니뇨는 열대 지역에 속한 열대 중태평양과 열대 동태평양의 바닷물 온도가 수년에 한 번씩 예년보다 높아지는 자연 현상이에요. '라니냐'는 엘니뇨와는 반대로 그 지역 바닷물의 온도가 내려가는 현상이고요.

열대 중태평양과 열대 동태평양의 면적은 매우 넓어요. 아시아 대륙 전체와 비슷한 정도니 얼마나 넓은지 짐작하겠지요. 이 정도로 넓은 지역의 바닷물을 1~4도 높이려면 엄청난 에너지가 필요할 거예요. 아저씨도 정확한 양은 잘 모르지만 아마 우리나라 사람 모두가 평생, 아니 자손 대대로 쓸 수 있는 양이라고 생각해요.

바닷물이 따뜻해지면 지구 복사 에너지를 공기 중으로 더 많이 내보내고, 표면에서 증발도 잘 일어나요. 따라서 엘니뇨가 일어나는 해에는 열대 해양에서 대류권으로 전달되는 에너지가 평상시보다 훨씬 많아져요. 열대 해양의 대류권에 에너지가 많아지면 다른 지역으로 더 많이 전달해야 해서 공기의 흐름이 바뀌게 되고요.

이처럼 엘니뇨 해에 보통 때와 다른 형태의 대기 순환이 나타나기 때문에 어떤 지역에서는 이상 기상이 발생하기도 해요. 그래서 사람들은 엘니뇨가 기후 변화를 불러온다고 착각하지요. 하지만 엘니뇨와 라니냐는 수년에 한 번씩 반복되는 자연 현상일 뿐이에요. 더군다나 최근에 갑자기 나타난 현상도 아니지요. 아시아와 아메리카 대륙 사이에 태평양이 만들어졌을 때부터 있었던 현상이에요. 그러니까 엘니뇨는 기후 변화가 아니랍니다.

엘니뇨는 겨울철에 적도 근처에 있는 열대 중태평양과 열대 동태평양의 바닷물 온도가 높아지는 현상을 말해요.

페루 연안은 세계 제일의 멸치 어장인데, 어떤 해에는 연안 바닷물

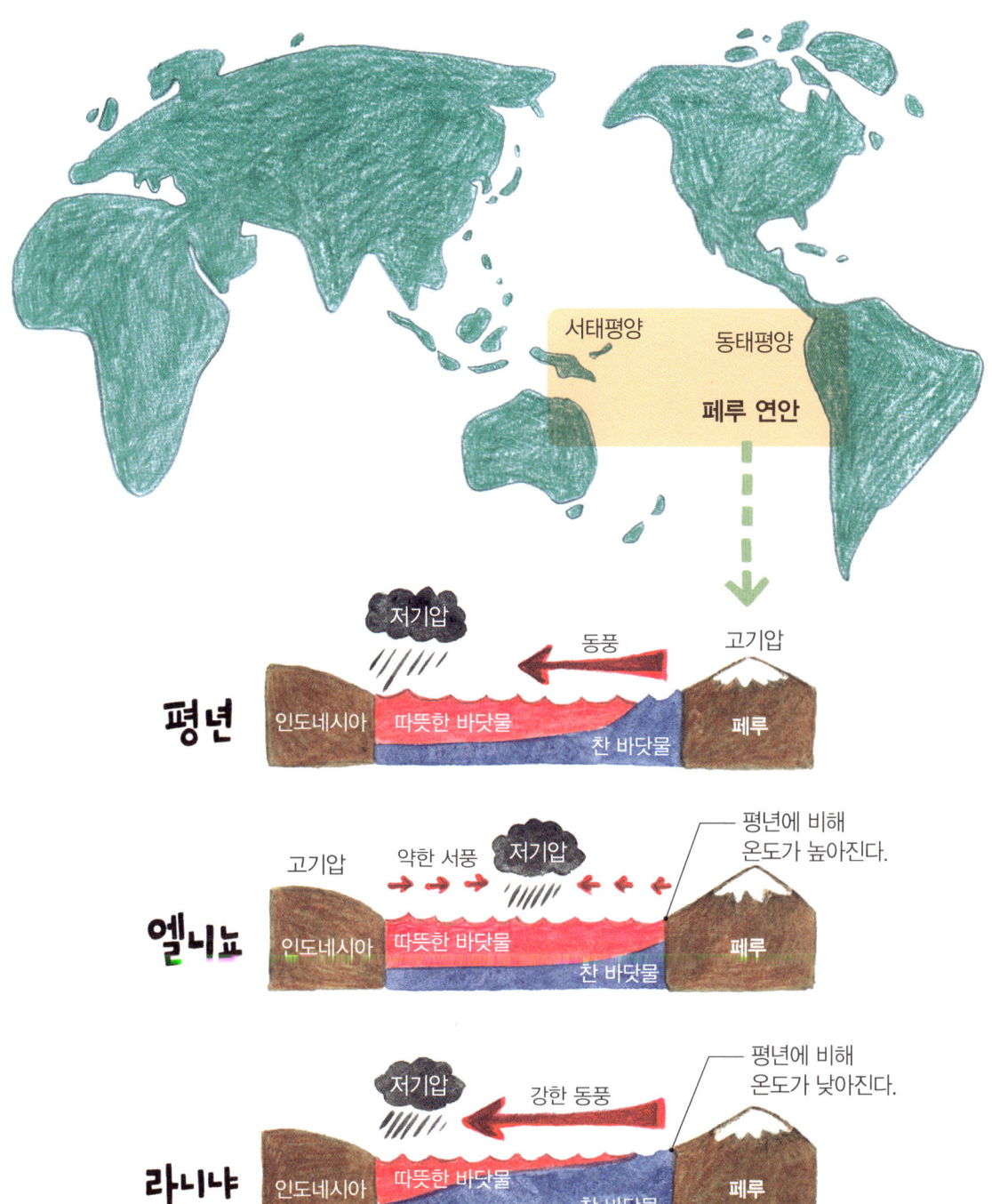

온도가 8~9도나 높아져 멸치를 잡아들이는 양이 급격히 떨어져요. 특히, 크리스마스를 전후해서 거의 멸치가 잡히지 않아 먼 옛날 어부들은 하느님께 고기가 잘 잡히게 해 달라는 의미에서 이 현상을 '아기 예수'라고 불렀지요. 엘니뇨는 스페인어로 '아기 예수' 혹은 '남자아이'라는 뜻이에요. 반대로 라니냐는 이 지역의 바닷물 온도가 낮아지는 현상으로, 스페인어로 '여자아이'라는 뜻이지요.

엘니뇨와 라니냐는 대기 순환과 해양 순환이 서로 영향을 주고받으면서 생겨요. 보통 때에는 동태평양에 찬 바닷물이, 서태평양에 따뜻한 바닷물이 자리 잡고 있지만 엘니뇨가 일어나는 해에는 예년보다 동태평양 바닷물의 온도가 높아지고, 라니냐가 일어나는 해에는 반대로 낮아져요.

우리나라는 엘니뇨의 영향을 받지 않아요

사람들은 엘니뇨 해가 되면 우리나라에 이상 기후가 나타날 거라고 걱정해요. 그런데 좀 이해가 안 되는 부분이 있어요. 사람들은 어떤 때에는 엘니뇨 때문에 집중 호우가 온다고 했다가, 어떤 때에는 엘니뇨 때문에 가뭄이 든다고 해요. 라니냐에 대해서도 이와 비슷하고요.

물론 엘니뇨가 전 세계에 이상 기상이나 이상 기후를 일으키는 것은 틀림없는 사실이에요. 그러나 우리나라에까지 그 영향이 크게 미칠까 걱정할 필요는 없어요. 왜냐하면 엘니뇨 해에 우리나라에 홍수가 나거나 가뭄이 든 적도 있지만 예년과 비슷했던 적도 많거든요. 결론적으로 우리나라와 엘니뇨는 거의 관계가 없다고 할 수 있어요.

아저씨는 우리나라 기후에 영향을 끼치는 원인들은 우리나라 가까이에서 찾아야 한다고 생각해요. 예를 들어, 친구와 놀다 신발을 잃어버렸다면 놀던 주변을 살펴봐야지 할아버지나 할머니 댁에서 신발을 찾으면 안 되잖아요.

실제로 우리나라 기상이나 기후는 여름에는 북태평양 고기압, 겨울에는 시베리아 고기압의 세기나 위치에 영향을 크게 받고 있어요. 동태평양이 우리나라로부터 얼마나 멀리 떨어져 있는지 생각해 보세요. 비행기로 가도 15시간은 충분히 걸릴 거예요. 유럽이나 미국에 가는 것보다 더 멀어요. 그러니까 우리나라 기후는 엘리뇨와 라니냐와 관계가 거의 없답니다.

하늘을 뒤덮고 있는 거대한 바람의 흐름

우리나라의 날씨는 앞에서 말했듯이 북태평양 고기압과 시베리아 고기압의 영향을 받지만 그 세기와 범위는 해마다 달라요. 그래서 날씨 변화를 설명하고 예측하기가 어렵지요.

뿐만 아니라 우리나라 날씨에 영향을 끼치는 요인은 북태평양 고기압과 시베리아 고기압 말고도 많아요. 우리와 전혀 상관없을 것 같은 극 지역이나 유럽을 돌고 있는 공기가 영향을 끼치기도 하고, 히말라야에 쌓인 눈이 영향을 끼치기도 해요. 어떻게 그럴 수 있냐고요?

바로 바람 때문이에요. 바람은 공기가 있는 곳에서는 어디에서든 쉬지 않고 불어요. 어떤 때에는 조용하다가도 태풍이 오면 세차게 불기도 하지요. 땅 위에서 부는 바람은 시간이나 지역에 따라 크게 변하지만, 하늘로 높이 올라갈수록 그 방향이 일정해요. 위로 올라갈수록 세게 불고요. 어쩌면 하늘 높은 곳에는 바람의 방향을 바꾸는 빌딩이나 산 등이 없기 때문에 더 그럴지도 몰라요.

이처럼 하늘에는 여러 종류의 바람의 흐름이 있어요. 지구를 둘러싼 거대한 바람의 흐름을

'대기 순환'이라고 불러요. 바람이 세게 부는지, 약하게 부는지 혹은 바람의 중심이 북쪽으로 움직이는지, 남쪽으로 움직이는지에 따라 우리나라 날씨가 변하지요. 큰비나 큰 눈이 내리는 것도, 여름에 온도가 높거나 낮을 때도, 심지어 태풍이 많이 오고 적게 오는 것도 모두 하늘의 거대한 바람의 흐름에 따라 변해요.

우리나라 기후를 바꾸는 극 진동

지금으로부터 100여 년 전 처음으로 기압계가 개발되었을 때, 사람들은 이 새로운 관측 기계를 세계 여러 곳에 설치했어요. 엘니뇨와 라니냐가 대기 순환에 영향을 끼친다는 사실도 기압계 덕분에 처음 알게 되었지요.

북대서양에서는 스페인 서부에 위치한 아조레스의 **해면 기압**이 높아지면 먼 북쪽에 위치한 아이슬란드의 해면 기압이 낮아지는 것을 발견했어요. 반대로 해면 기압이 아조레스에서 낮아지면 아이슬란드

☀ **해면 기압** 지구 표면을 바다 표면으로 기준하여 측정한 공기의 무게.

극 진동

대기 전체의 공기 무게에 해당하는 해면 기압이 극 지역에서 높으면 중위도에서 낮고, 극 지역에서 낮으면 중위도에서 높아지는 것처럼 극 지역과 중위도 지역의 해면 기압이 서로 반대로 변하는 진동 현상을 '극 진동'이라고 해요.
이렇게 서로 다른 해면 기압은 북반구 전체의 공기 흐름에 영향을 주고 거대한 대기 현상을 일으키며, 이에 따라 다양한 기후 변화가 생겨요.
극 진동에 대한 연구는 다양한 기후를 예측하고 기상 피해에 대비할 수 있게 해 줘요.

북극의 해면 기압이 낮아지면 중위도의 해면 기압이 높아진다.

북극의 해면 기압이 높아지면 중위도의 해면 기압이 낮아진다.

우리나라에 비가 훨씬 더 많이 내린다.

● 기온 상승
● 기온 하강

에서는 높아졌지요. 사람들은 이 관계를 '북대서양 진동'이라고 불렀어요.

그런데 1998년에 미국 워싱턴 대학의 월러스 교수와 당시 대학원생이었던 톰슨이 100여 년 동안 북반구 전체의 해면 기압을 조사했더니 북대서양 진동이 북대서양뿐만 아니라 북반구 전체의 공기 흐름에 영향을 미친다는 것을 알아냈어요. 그들은 이것을 '극 진동'이라고 불렀지요.

극 진동은 '북쪽의 엘니뇨'라고 불리며 최근 기후 연구의 주요 주제가 되었어요. 극 진동은 북반구 전체의 기온 및 강수량, 오존량, 복사량, 태풍 활동, 해양 순환, 그리고 식물 생장에 이르기까지 지구 기후 전체에 영향을 끼치고 있어요.

우리가 사는 중위도에서는 서풍이 불어요

우리나라가 위치한 중위도에서는 바람이 지구 자전 방향과 같은 서쪽에서 동쪽으로 불어요. 이를 서풍이라고 해요.

중위도에서 서풍이 부는 이유는 열대 지역 온도가 고위도 지역보다

위도 간의 온도 차로 거대한 공기 흐름이 만들어진다.

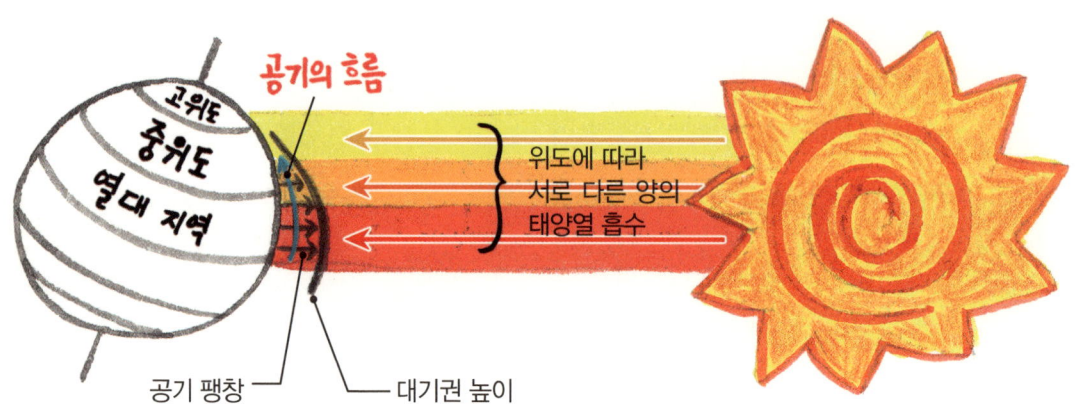

높기 때문이에요. 온도가 높은 곳에서는 온도가 낮은 지역보다 공기가 많이 팽창하기 때문에, 열대 지역의 대류권 높이는 고위도 지역보다 훨씬 높아요.

즉, 같은 높이에서 본다면 열대 지역의 기압이 고위도 지역보다 크기 때문에 열대 지역의 공기는 고위도로 이동해요. 그러면 지구에서 위도 간의 온도 차이로 인해 거대한 공기의 움직임이 생기지요.

눈으로 볼 수 있다면 정말 대단한 광경일 거예요. 그런데 고위도로 움직이는 공기는 똑바로 북쪽으로 갈 수 없어요. 지구가 서쪽에서 동쪽으로 자전하고 있기 때문에 공기는 지구 자전과 같은 방향인 오른쪽으로 휘어서 불게 되지요.

팽이를 가지고 한번 실험해 볼까요?

먼저 팽이를 지구 자전 방향인 왼쪽에서 오른쪽으로 돌려 보세요. 그런 다음 돌고 있는 팽이 위에 구슬을 바깥쪽에서 안쪽으로 굴려 보세요. 구슬이 팽이 안쪽으로 굴러가면서 팽이가 도는 방향으로 휠 거예요.

이번에는 반대로 구슬을 팽이 중심에서 바깥쪽으로 굴려 보세요. 어때요? 이번에도 구슬이 팽이가 도는 방향으로 휘나요? 만약 여러분이 실험을 제대로 했다면 구슬은 팽이가 도는 반대 방향으로 휘면서 밖으로 떨어질 거예요.

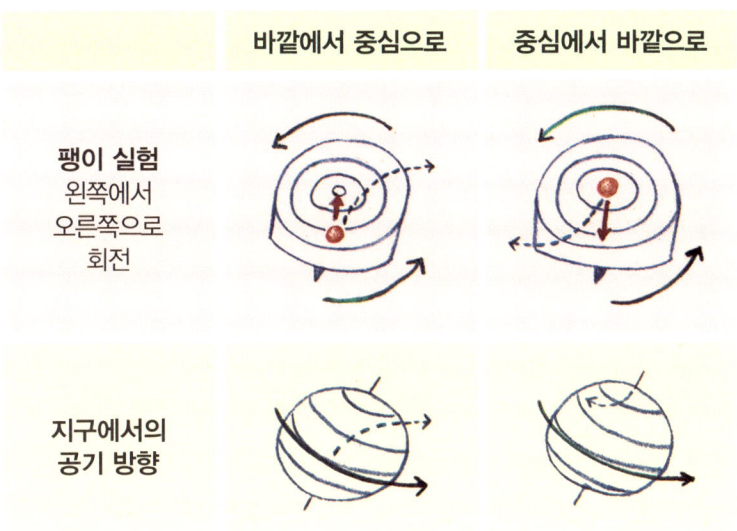

중위도에 위치한 우리나라는 지구 자전 방향(서쪽→동쪽)과 같이 이 분다.

지구 온난화는 여러 곳에 기후 변화를 일으켜요

지금까지 기후 변화가 무엇이고, 무엇이 기후 변화를 일으키는지 이야기했어요. 지구 온난화는 당연히 기후 변화를 일으킨다고도 했고요. 지구가 더워져서 그럴까요? 그러면 추워지면 기후 변화가 일어나지 않을까요? 지구가 더워지는 것과 기후 변화 사이에는 도대체 무슨 관계가 있을까요?

지구 온난화는 공기 중에 온실가스가 많아져 온실 효과가 커지기 때문에 일어난다고 했어요. 그런데 온실 효과가 커지면 지구는 에너지 균형을 맞추기 위해 더 많은 지구 복사 에너지를 우주에 내보내요.

이때 지구 복사 에너지를 더 많이 내보내기 위한 가장 쉬운 방법은 온도를 높이는 거예요. 그런데 지구의 온도는 어디에서나 일정하게 올라가지 않아요. 어떤 곳은 많이 올라가고, 어떤 곳은 적게 올라가지요. 여름과 겨울에도 온도가 올라가는 정도가 달라요. 결론적으로 고기압이나 저기압 등을 변화시키는 공기의 움직임은 지역이나 계절에 따라 달라요.

엘니뇨와 전 세계 이상 기상의 관계를 이야기하면서, 엘니뇨 시기에는 지구 표면의 에너지가 대기 중으로 더 많이 전달되기 때문에 이상 기상이 자주 발생한다고 이야기했어요. 지구 온난화가 일어나면 이와 비슷하게 에너지 교환에 변화가 생겨 대규모로 대기 순환이 바

공기 중 온실 가스 증가
→ 온실 효과 증가

지구 복사 에너지 증가

지역에 따라 서로 다른 온도 상승
→ 에너지 교환의 복잡한 변화

대기 순환의 큰 변화

기후 변화

뀌어요. 지구 온난화는 엘니뇨와 비교할 수 없을 만큼 기후에 커다란 영향을 끼쳐요. 이상 기상이나 이상 기후를 일으키는 데에 머무르지 않고 기후 자체를 바뀌게 하지요.

지구 온난화가 심해지면 태풍은 많아질까요?

태풍은 온도가 매우 높은 열대 지역 바다에서 발생해요. 대개 바닷물의 온도가 26.5도 이상 되는 곳에서 발생하니까 태풍이 생기려면 온도가 최소 26.5도 정도는 되어야 하지요. 지구 온난화에 의해 열대 바다의 온도가 올라가면 현재 26.5도보다 낮은 지역에서도 26.5도보다 높아질 거예요. 그만큼 태풍이 생기는 지역도 넓어지고 생길 가능성도 높아지겠지요. 그러나 날씨 변화는 생각만큼 간단하지 않아요. 태풍은 바닷물의 온도 변화로만 발생하는 게 아니거든요.

지금도 바닷물의 온도가 26.5도가 넘는 지역은 엄청나게 많아요. 그렇지만 그 모든 곳에서 똑같이 태풍이 생기지는 않아요. 어떤 지역에서는 바닷물 온도가 30도 가까이 되어도 태풍이 생기지 않지요. 이런 걸 보면 태풍을 일으키는 요인이 바닷물의 온도만은 아니라는 사실을 알 수 있어요. 그럼, 태풍이 만들어지기 위해서는 어떤 조건이 필요할까요?

먼저 태풍이 발생하기 위해서는 열대 해양에 저기압이 만들어져야 하고, 동시에 대류권에 충분히 많은 수증기가 있어야 해요. 공기는 기압이 높은 곳에서 낮은 곳으로 이동하니까 저기압을 향해서 수증기를 가득 머금고 있는 공기가 모여들어요. 이 상태를 '열대성 저기압'이라고 부르는데, 불규칙한 형태로 구름 무리가 만들어져요.

그런데 아무리 수증기가 많이 모여 있는 열대성 저기압이라고 해도 수증기가 바로 하늘 높이 올라가 버리거나 주변으로 날아가 버리면 태풍으로 만들어지지 못해요. 태풍이 만들어지려면 대기가 적당히 안정되어 있어야 해요. 바람도 세게 불면 안 돼요. 그런데 모든 열대성 저기압에서 늘 대기가 적당히 안정되고, 바람이 세게 불지 않는 것은 아니에요. 이것이 대부분의 열대성 저기압이 태풍으로 자라지 못하는 이유예요. 또 몇 가지 필요한 조건들이 있어요.

어떤 과학자들은 지구 온난화 때문에 더 강한 태풍이 발생할 것이라고 경고하고 있어요. 하지만 지구 온난화

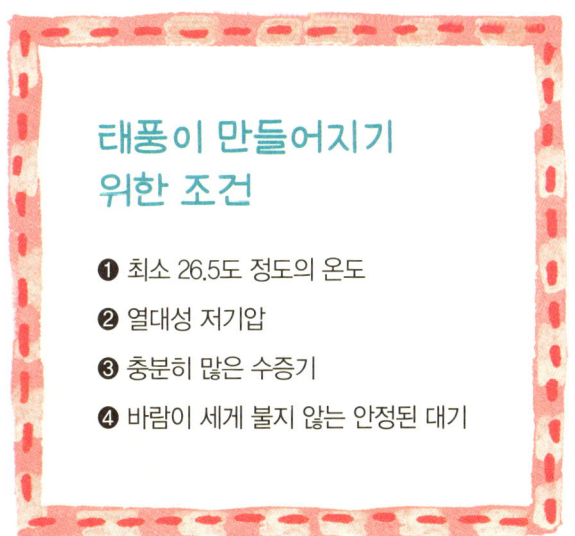

태풍이 만들어지기 위한 조건

❶ 최소 26.5도 정도의 온도
❷ 열대성 저기압
❸ 충분히 많은 수증기
❹ 바람이 세게 불지 않는 안정된 대기

가 심해진다고 해서 태풍이 더 많이 발생하고, 더 강해지리라고 예측하는 것은 매우 단순한 생각이에요.

태풍 예측은 바닷물 온도와 공기 움직임의 변화 그리고 대기 상태의 변화를 종합적으로 판단하여 결론을 내려야 해요. 물론 모든 과학자가 항상 같은 결론을 내리지는 않아요. 지구 온난화에 의해 태풍이 많아지고 강해진다고 예상하는 과학자도 있지만, 반대로 태풍의 수가 줄어들고 세기도 크게 변하지 않는다고 예상하는 과학자도 있어요.

태풍과 우리나라 집중 호우

태풍이 우리나라에 영향을 끼칠 것이라는 예보가 발표되면 온 나라가 걱정에 휩싸여요. 댐이나 하천을 점검하고, 도로와 축대도 살피지요. 산사태가 잦은 곳에 사는 사람은 태풍이 지나갈 때까지 잠을 못 이루기도 해요.

기상청 예보관도 마찬가지예요. 태풍이 언제 어느 지역을 통과하고, 얼마나 강한 바람이 불고 얼마나 많은 비가 내릴지 태풍이 우리나라에 다다르기 며칠 전부터 밤을 새며 앞으로 일어날 여러 상황들을 예측해요.

최근 20~30년 동안 태풍 때문에 우리나라 강수량은 수십 년 전보다 엄청나게 늘어났어요. 예를 들어, 1980년 이전까지는 태풍에 의한 일일 강수량이 300밀리미터 이상인 경우가 한 번도 없었는데 최근 들어 눈에 띄게 늘었어요.

　2002년 8월 31일 태풍 '루사'가 강릉에 뿌린 870밀리미터의 강수량은 우리나라 역사상 가장 많은 양이에요. 1일 강수량 870밀리미터는 예전에는 상상하지도 못한 엄청난 양이지요. 이 정도로 비가 내리면 앞이 보이지 않을 거예요. 비가 내린다고 하기보다는 아예 대야로 물을 퍼붓는다는 표현이 적절하겠네요.

지구 온난화로 인해 태풍에 의한 집중 호우가 더 심해질 것인가를 예측하는 것은 어려운 일이지만 최근에 일어난 여러 상황들을 보면 앞으로 집중 호우가 더 강해질 거라고 예상해요.

그러나 태풍이 항상 해로운 것은 아니에요. 어떤 태풍은 고맙기도 해요.

1994년 여름은 유난히 덥고 길어 가뭄이 심했는데, 태풍 '더그'가 더위와 물 부족을 어느 정도 해결해 주었지요. 또 태풍은 열대 지역에 쌓인 에너지를 고위도 지역으로 이동시켜 위도와 위도 사이의 온도 균형을 맞춰 주기도 하고, 바닷물을 순환시켜 해양 생태계를 활성화하는 역할도 해요.

과학자들은 온실가스가 지금처럼 계속 늘어난다면 2060년에는 지구의 평균 기온이 지금보다 2도 정도 높아진다고 예측해요. 그런데 더 심각한 문제는 지구 온난화가 단순히 평균 기온을 높이는 데만 그치지 않는다는 거예요.

온실 효과가 커지면 우주로 나가는 지구 복사 에너지는 줄고, 지구가 흡수하는 태양 복사 에너지는 늘어나 그 둘 사이의 균형이 깨져요. 그 균형을 맞추려면 지구 복사 에너지를 더 많이 내보내든지 태양 복사 에너지를 좀 더 적게 흡수해야 해요.

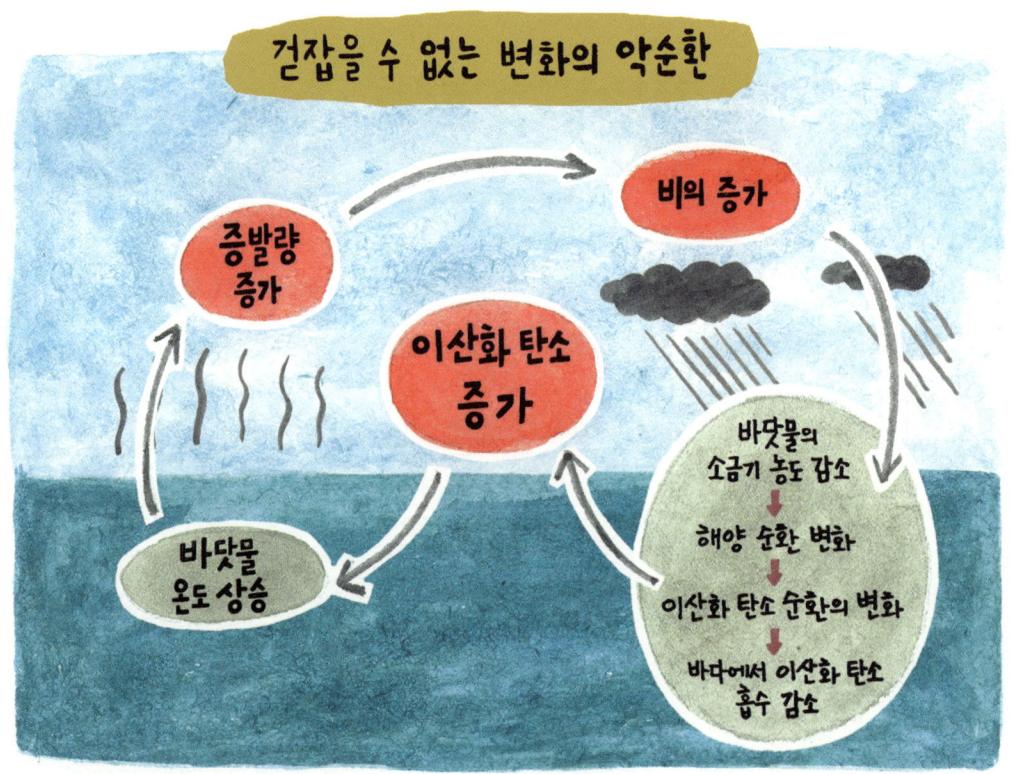

그런데 그것이 이론처럼 간단하지가 않아요. 왜냐하면 균형을 다시 맞추려면 공기 흐름이나 해양 흐름이 변해야 하는데, 그렇게 되면 대기 순환과 해양 순환에 변화가 생겨 극심한 기후 변화를 일으키게 될지도 모르거든요. 당연히 우리 생활도 막대한 피해를 입겠지요. 아마도 수십, 수백 년, 어쩌면 수천 년 동안 기후 변화가 계속될 거예요.

뿐만 아니라 지구 온난화는 대기에 이산화 탄소를 더 많아지게 해요. 바닷물의 온도가 높아지면 증발량이 많아지고, 그러면 비도 많이 내려요. 비가 많이 내리면 바닷물의 소금기 농도가 옅어지니까 해양 순환이 바뀌고, 바다에서의 이산화 탄소 순환도 변하지요. 그러면 해양에서 이산화 탄소 흡수가 줄어들어 공기 중에는 이산화 탄소가 더 많아져요.

영화 〈투모로우〉에서 본 기후 변화

〈투모로우〉라는 영화를 본 적 있나요? 갑작스런 기후 변화가 인류를 멸망시킬 수 있다는 이야기를 담고 있는 영화예요. 영화를 본 사람이라면 기후 변화의 위력에 깜짝 놀랐을 거예요.

영화에서는 기후 변화가 북대서양에서 처음 발견돼요. 바닷물의 거대한 흐름의 하나인 멕시코 난류가 갑자기 정지해 버렸지요. 따뜻한 멕시코 난류가 북대서양으로 들어오지 않자 북미와 유럽 사람들은 갑작스런 추위를 맞아요. 영하 100도보다 더 낮은 엄청난 추위가 몰려와 모든 생물이 일순간에 죽음을 맞이해요.

 아저씨가 이 영화 이야기를 하는 건 멕시코 난류가 갑자기 멈춘 이유가 바로 지구 온난화로 인해 북극 지역의 빙하가 녹아내렸기 때문이에요. 북대서양에 소금기가 없는 빙하 물이 들어가자 바닷물의 소금기가 옅어져 바닷물이 가벼워졌어요. 가벼워진 바닷물이 북대서양

에서 가라앉지 않자, 결국 그 자리로 들어오려던 멕시코 난류는 북대서양에 들어오지 못하고 멈추게 되었지요. 물론 거대한 멕시코 난류가 한순간에 멈춘다는 것은 현실적으로 불가능한 이야기지만, 영화를 본 사람들은 기후 변화가 얼마나 무서운 일인지 알게 되었을 거예요.

멕시코 난류의 기나긴 여행

그린란드 부근 북대서양은 세계에서 바닷물이 가장 무거운 곳으로 알려져 있어요. 바닷물이 무겁다는 건 쇳가루나 흙이 섞여 있다는 게 아니라 바닷물에 소금이 많이 섞여 있다는 뜻이에요.

과학자들이 조사한 바에 따르면 북대서양 바닷물이 세상에서 가장 짜다고 해요. 북대서양의 바닷물은 아래로 수 킬로미터를 가라앉은 뒤에 수평으로 방향을 바꾸어 대서양 남쪽으로 흐르기 시작해요. 어마어마한 양의 바닷물이 대서양 전체를 가로질러 흐른다니, 그 광경은 상상만 해도 굉장하지요.

이때 북대서양에서 가라앉은 물을 채우기 위해 멕시코, 북아메리카, 유럽을 따라 따뜻한 바닷물이 북으로 올라와요. 이것을 '멕시코 난류'라고 불러요. 고위도에 위치한 영국과 북유럽 기온이 크게 떨어지지 않는 이유는 바로 이 난류 때문이에요.

수 킬로미터 바닷속에서 북대서양으로 내려온 물은 인도양과 태평양으로 흘러가 솟아 올라와요. 북대서양에서 가라앉은 물은 인도양과 태평양에서 다시 솟아오르기까지 엄청난 거리를 여행해요. 수백 년, 어쩌면 수천 년이 넘게 걸리는 기나긴 여행이지요.

그런데 영화 〈투모로우〉처럼 북극의 빙하가 녹으면 북대서양 바닷물의 소금기가 옅어지면서 가벼워져 아래로 가라앉지 않을 거예요.

이렇게 되면 북대서양에서 시작되는 바닷물의 기나긴 여행은 멈추게 되겠지요. 이런 기후 변화가 영화에서처럼 한순간에 나타나지는 않겠지만 현실적으로 충분히 가능한 이야기예요.

지구 온난화는 절대 이롭지 않아요

어떤 사람들은 지구의 온도가 높아지면 더 좋아질 거라고 이야기해요. 어쩌면 우리나라가 아열대 기후로 바뀌어서 서울 부근에 바나나 망고 농장이 생길지도 모른다며 좋아하기도 하지요.

그러나 아저씨는 지구 온난화가 우리 생활에 결코 이롭지 않다고 생각해요. 서울 부근에 바나나 농장이나 망고 농장이 생길 일도 전혀 없고요. 지구 온난화는 분명히 사람들에게 이로움보다는 해로움을 더 많이 가져올 거예요.

지금까지 아저씨는 지구 온난화가 이상 기상이나 이상 기후, 기후 변화 등을 일으킨다고 이야기했어요. 전 세계에서 기상 재해로 인한 피해는 해가 갈수록 커져 가난한 나라에서는 나라 전체 경제까지 걱정해야 할 지경이에요. 게다가 지구 온난화의 피해는 날씨나 기후의 변화에만 그치지 않아요. 그럼, 앞으로 우리는 어떻게 해야 될까요? 지구 온난화를 막을 수 있는 방법이 있기는 할까요?

목포에서 자라는 귤, 서울에서는 자랄 수 없다고요?

　현재 우리나라에서 귤이 가장 많이 나는 곳은 제주도예요. 제주도에 가면 귤 농장을 쉽게 찾을 수 있어요. 그러나 요즘은 우리나라 기온이 높아져 제주도뿐 아니라 남부 해안에서도 귤나무가 자라요. 목포도 우리나라 남부 해안에 있으니 당연히 귤나무를 키울 수 있지요.

　그러면 서울에서도 귤나무를 키울 수 있을까요?

　유감스럽게도 서울에서는 귤나무를 키울 수 없어요. 온실에서라면 키울 수도 있겠지만 온실을 유지하고 관리하는 데는 만만치 않은 비용이 들 거예요. 그러면 목포에서 자라는 귤나무가 왜 서울에서 자라지 않는 걸까요?

　이유는 간단해요. 겨울철에 몇 번씩 찾아오는 한파 때문이에요. 목포에서는 귤나무가 얼어 죽을 정도로 추운 날이 거의 없지만 서울에서는 매년 영하 10도 이하까지 떨어지는 날이 며칠씩 돼요. 귤나무는 이런 추위를 견디지 못하지요. 우리나라의 평균 기온이 아무리 높아진다 해도 매년 찾아오는 한두 번의 강추위는 없어지지 않아요. 그렇기 때문에 서울에서는 귤나무나 바나나 망고를 키울 수 없어요.

지구 온난화는 야생 식물, 곤충, 동물에게 큰 영향을 끼쳐요

혹시 온도가 높아지면 식물이 빨리 자랄까요? 어느 정도 맞는 말이지만 사람이 키우는 식물이나 동물에만 해당돼요. 야생 식물은 자연적으로 오랫동안 진화해 왔기 때문에 갑작스럽게 기후 변화가 일어나면 새로운 환경에 적응하지 못하고 죽고 말아요. 다시 말해 식물은 사람이 옮겨 심지 않으면 기후 변화가 있는 지역을 피해 다른 곳에서 뿌리를 내리기가 불가능해요.

갑작스럽게 일어난 기후 변화는 야생 식물이 새로운 환경에 적응할 시간을 주지 않기 때문에, 기후 변화가 발생한 지역에서는 야생 식물계는 모두 죽고 말 거예요. 그러면 이것들을 먹고 사는 야생 곤충이나 동물에게도 당연히 문제가 생기겠지요.

사람도 마찬가지예요. 야생 생물의 생태계 파괴나 변화는 결국 사람들이 키우는 작물과 가축에도 영향을 미칠 거예요. 전에 볼 수 없었던 질병이 생겨나고, 곡식과 가축의 생산성도 낮아지겠지요. 전 세계는 상상할 수 없는 식량 문제를 겪게 될 거예요.

뿐만 아니라 사람들은 치명적인 전염병의 공격을 받을지도 몰라요. 옛날에 전 세계 인구의 수십 퍼센트를 죽게 했던 흑사병이나 콜레라와 비슷한 질병이 생기지 않을 거라고 장담할 수는 없어요.

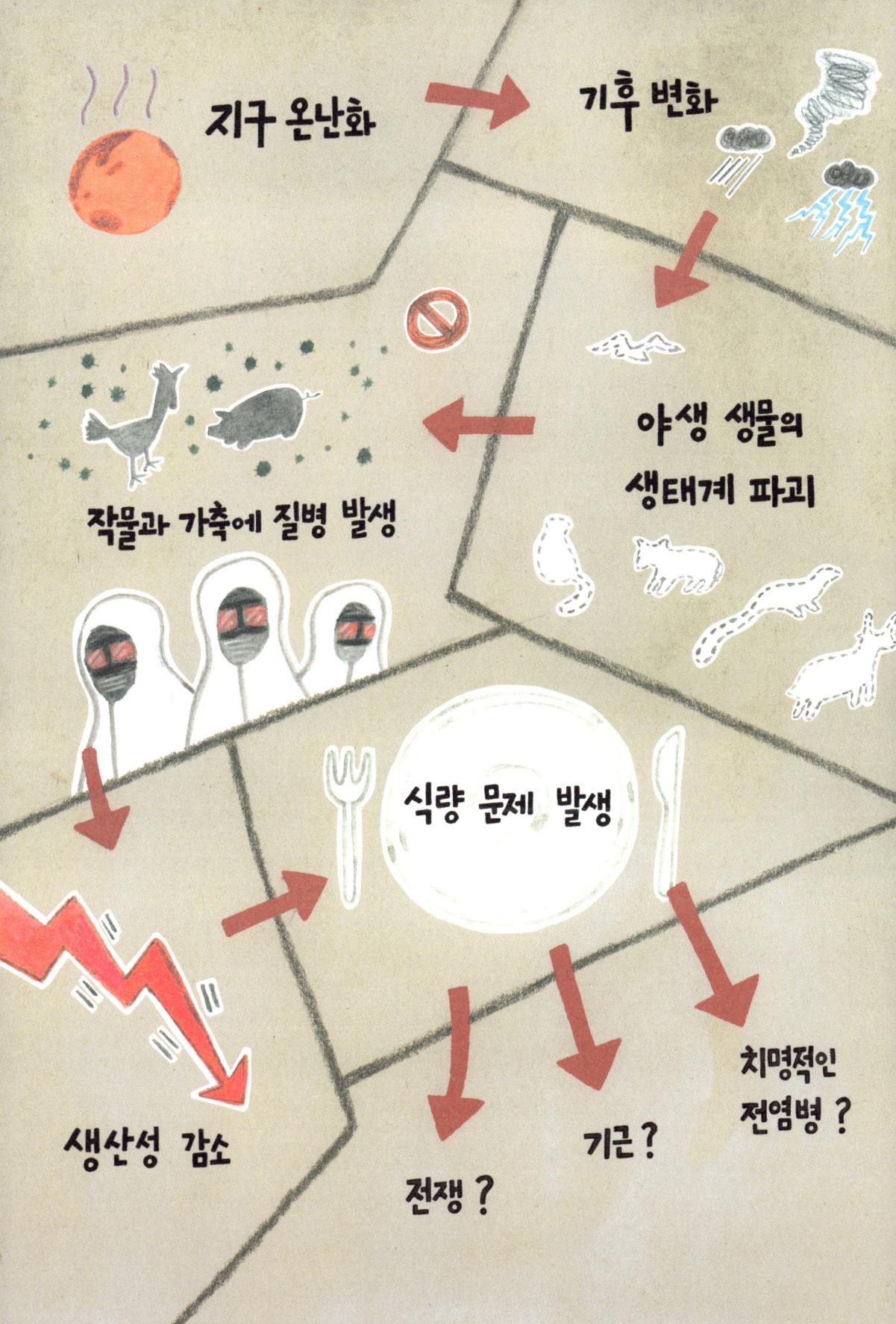

사막화를 부르는 지구 온난화

지구 온난화의 또 다른 피해 중 하나는 사막화예요. 사막은 모래와 바람만이 황량하게 펼쳐져 있어 생명체가 살기 어려운 척박한 땅이에요.

지구에는 여러 지역에 광활한 사막이 있어요. 아프리카의 사하라 사막, 중국 북부와 몽고에 펼쳐진 고비 사막 등이 있지요. 특히 중국 북부와 몽고에 있는 사막은 우리에게는 골칫거리인 곳이에요. 이곳의 모래흙이 강한 바람에 휩쓸려 우리나라까지 날아오기 때문이에요. 이 모래흙이 바로 우리를 괴롭히는 '황사'예요.

황사가 오면 온 하늘은 뿌옇게 변해요. 호흡기가 약한 아이들이 황사 먼지를 들이마시면 밤새 기침을 하며 고생할 거예요. 그러나 더 큰 문제는 중국 북부와 몽고의 사막 부근에 서울시 면적보다 더 넓은 지역이 사막으로 바뀌고 있다는 사실이에요.

사막이 넓어지는 이유는 여러 가지가 있어요. 사막 부근에 있는 목초지 풀을 가축이 먹거나 사람들이 경작지로 사용해 목초지가 줄어들고, 지구 온난화에 따라 비가 내리는 시기나 양이 바뀌면서 목초지 자체가 사막으로 바뀌는 경우지요. 목초지가 줄어들면 비가 내려도 땅에서 물을 저장하기 쉽지 않기 때문에 증발되는 물의 양이 줄어 비의 양도 줄어들어요. 또 사막으로 변하면서 햇빛을 더 많이 반사시켜 점점 더 빠르게 사막으로 바뀌지요.

사막이 넓어지는 이유

사막으로 변하면서 햇빛을 더 많이 반사시키기 때문에

지구 온난화에 따라 비 내리는 시기나 양이 바뀌기 때문에

땅에 물이 없으니까 증발이 줄고 비 내리는 양도 줄어들기 때문에

사막 부근의 목초지의 풀을 가축이 먹거나 사람들이 경작지로 사용하기 때문에

목초지가 줄어들어 비가 내려도 물을 가두어 두지 못하기 때문에

가라앉고 있는 섬, 투발루

지구가 더워지면 극 지역의 빙하가 녹을 거라는 건 여러분도 잘 알 거예요. 남극과 북극에 빙하 형태로 저장되어 있는 물의 양은 여러분이 생각하는 것보다 훨씬 많아요. 전 세계 호수와 강물을 모두 합한 양의 300배 정도예요.

빙하가 녹으면 바닷물이 많아지겠지요. 뿐만 아니라 온도가 높아지면 분자 운동이 활발해 부피가 커져 바닷물 높이는 더욱 빨리 높아질 거예요. 그렇게 되면 바다 가까이에 있는 지역이나 섬은 바닷속으로 가라앉을지도 몰라요.

어떤 과학자는 남태평양 섬나라 투발루가 높아진 바닷물 때문에 지구상에서 첫 번째로 바닷속으로 사라지는 나라가 될 거라고 말해요. 최근에 투발루로 밀려오는 밀물과 썰물은 해가 갈수록 높아지고 있어요. 밀물과 썰물이 가장 높은 2월에는 주요 도로와 주변 코코넛 나무들이 바닷물에 모두 잠기지요.

투발루에 있는 밭들은 이미 염전이 된 지 오래됐어요. 과학자들의 예측이 맞다면 50년 안에 투발루는 영원히 바닷속으로 가라앉을 거예요.

투발루 말고도 이러한 위험에 처한 다른 섬들이 태평양 주변에서도

발견되고 있어요. 해안이 바닷물에 의해 깎이고, 깎인 해안으로 바닷물이 들어와 경작지가 줄어들고 식수가 부족해지지요. 바닷물의 높이가 올라가면 해일 피해를 더 많이 받아 섬나라의 피해는 더욱 커질 거예요.

투발루

지구 온난화로 인해 극 지역의
빙하가 녹아 바닷물이 많아지고 있어요.
아홉 개의 섬으로 이루어진 남태평양 섬나라
투발루는 높아지는 해수면 때문에 바닷속으로
점점 가라앉고 있어요.

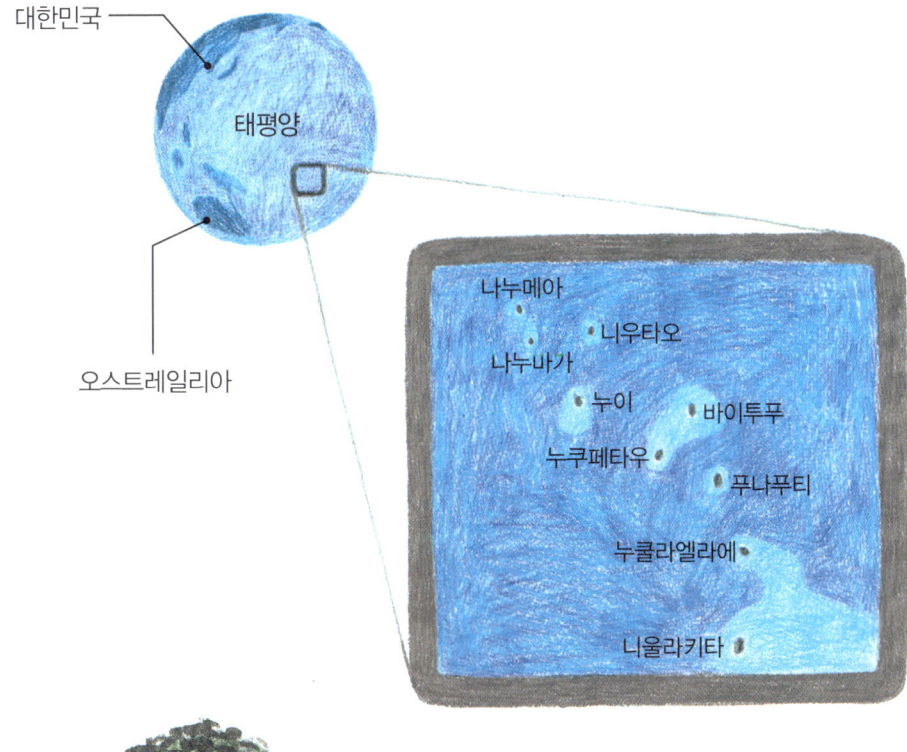

지구 온난화가 계속된다면……

현재까지 진행된 지구 온난화와 지구 온난화로 인해 생긴 기후 변화는 아직까지는 엄청나게 심각한 것은 아니에요. 최첨단 과학 기술이나 야생 생물의 새로운 환경 적응력으로 충분히 극복할 만한 수준이지요.

그러나 문제는 지구 온난화가 앞으로 얼마나 계속될 것이냐 하는 거예요. 대부분의 과학자들은 지구 온난화는 계속될 것이고, 더욱 거세질 것이라고 해요. 거대한 수레바퀴를 굴리기는 쉽지 않지만 한번 굴러가기 시작한 수레바퀴를 멈추기는 매우 어려워요. 더군다나 수레바퀴가 언덕을 내려가고 있다면 멈추기가 더더욱 어렵겠지요.

지구 온난화도 이와 똑같아요. 온실가스의 배출을 당장 멈출 수는 없어요. 그렇게 되면 자동차도 탈 수 없고, 전기도 쓸 수 없게 되어 전 세계는 큰 혼란에 빠지고 말 거예요.

우리는 무엇을 해야 할까요?

인류가 지구 온난화를 일으킨 것은 사실이지만 이제 사람들은 지구 온난화가 얼마나 무서운지 알게 되었어요. 그러니 피해를 줄일 방법을 찾아야겠지요.

물론 가장 좋은 방법은 온실가스 양을 줄이는 것이지만, 우리는 온실가스의 주범인 화석 연료에 의존해 살고 있기 때문에 아무런 대비도 없이 화석 연료의 사용을 중단한다면 엄청난 혼란을 맞게 될 거예요.

그렇기 때문에 지금부터라도 할 수 있는 한 온실가스 배출을 최대한 줄여야 해요. 또한, 심각해지는 자연재해를 막기 위해 도로, 항만, 댐, 강, 건축물 등 피해를 입을 수 있는 시설물을 철저히 점검해야 하고요. 왜냐하면 기후 변화에 의해 이상 기상이나 이상 기후가 더욱 자주 발생하게 될 테니까요.

예를 들어, 우리나라의 일일 강수량 최고 기록은 2002년 강릉에서 있었던 870밀리미터였어요. 그때 강릉에는 엄청난 피해가 있었는데, 이 비가 강릉이 아니라 다른 도시에 내렸더라도 상황은 같았을 거예요.

이 최고 기록은 기후 변화에 따라 조만간 깨질지도 몰라요. 만약 서울에 하루 동안 1천 밀리미터가 내린다고 생각해 보세요. 상상하고 싶지 않지만 전혀 가능성이 없는 이야기는 아니에요. 그러니 대비하고 또 대비해야 해요.

태양 빛을 반사시키는 반사경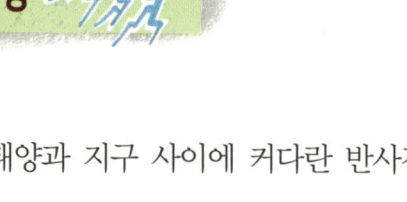

지구 온난화를 줄이기 위해 태양과 지구 사이에 커다란 반사경을 갖다 놓으면 어떨까요? 만약 이 반사경이 지구로 들어오는 태양 에너지를 반사시킨다면 지구는 온난화가 아니라 냉각화를 걱정해야 될지도 몰라요.

화성에 우주 탐사선을 보내고 태양계 밖으로도 우주선을 쏘아 올리는 첨단 과학 기술이라면 태양과 지구의 중력이 균형을 이루는 지점에 반사경을 갖다 놓을 수 있을 거예요.

이 방법은 언뜻 보면 현실 가능성이 있어 보이지만 어려운 문제가 하나 있어요. 바로 태양과 지구의 중력이 균형을 이루는 지점이 계속 변한다는 거예요. 어쩌면 과학 기술이 더 발달해서 반사경이 스스로 태양과 지구 사이의 중력이 균형을 이루는 지점을 찾게 될지도 몰라요.

그런데 아저씨는 아무리 인류의 과학 기술이 발달해도 반사경을 설치할 계획을 세우기보다 지구 오염을 효과적으로 줄일 수 있는 방법을 찾아야 한다고 생각해요.

우리가 오염시킨 지구는 우리 후손이 살 지구이기도 해요

　지구는 우리가 알고 있는 한 우주에서 생명체가 살 수 있는 유일한 행성이에요. 지구에는 지난 수십억 년 동안 수많은 생물이 살아왔어요. 한때는 무시무시한 공룡도 살았고 현재는 인류를 포함한 많은 생물들이 살고 있지요. 가까운 미래에는 우리 후손이 지구에서 살게 될 거예요. 그러면 먼 미래에는 어떻게 될까요? 그때도 지구에 우리 후

손의 후손이 살고 있을까요?

안타깝게도 지금처럼 지구 온난화와 기후 변화가 계속된다면 인류가 지구에서 살아남을 수 있을지는 아무도 몰라요. 어쩌면 먼 미래에는 여러 공상 영화에서처럼 인류의 멸종이 현실로 나타날지도 모르지요.

산업 혁명 이후 사람들은 삶의 풍요를 위해 200~300년간 지구를 오염시켰어요. 여러분이 사용할 지구의 일부분을 이미 황폐화시켜 놓은 거예요. 얼마 전까지도 사람들은 지구가 얼마나 망가졌는지 잘 알지 못했어요. 그 심각성도 모르고 있었지요.

늦긴 했지만 이제 사람들은 지구 온난화와 기후 변화를 직접 겪으며 지구를 잘 보호해야 미래의 삶이 보장된다는 사실을 절실히 깨닫게 되었어요.

우리는 지구를 더 이상 오염시켜서는 안 돼요. 지금까지 오염된 것만으로도 우리 후손은 큰 피해를 입게 될 거예요. 지금 우리가 사용하고 있는 지구는 우리 것만이 아니에요. 우리는 잠시 우리 후손, 또 그 후손이 사용할 지구를 빌려 쓰고 있는 것뿐이랍니다.

지구 환경 이야기 3

찌푸린 지구의 얼굴
지구 온난화 (개정판)

1판 1쇄 발행 2008년 10월 15일 | **1판 8쇄 발행** 2017년 5월 25일
2판 1쇄 발행 2021년 5월 28일 | **2판 2쇄 발행** 2024년 11월 29일
글쓴이 허창회 | **그린이** 박재현
펴낸이 홍석 | **이사** 홍성우
편집부장 이정은 | **편집** 조유진 | **디자인** 권영은 · 김영주 | **외주디자인** 나비
마케팅 이송희 · 김민경 | **제작** 홍보람 | **관리** 최우리 · 정원경 · 조영행
펴낸곳 도서출판 풀빛 | **등록** 1979년 3월 6일 제2021-000055호
주소 서울시 강서구 양천로 583 A동 21층 2110호
전화 02-363-5995(영업) 02-362-8900(편집) | **팩스** 070-4275-0445
전자우편 kids@pulbit.co.kr | **홈페이지** www.pulbit.co.kr
블로그 blog.naver.com/pulbitbooks | **인스타그램** instagram.com/pulbitkids

ⓒ 허창회, 박재현, 2008, 2021

ISBN 979-11-6172-167-5 74450
      979-11-6172-164-4 (세트)

이 도서의 국립중앙도서관 출판시도서목록(CIP)은 서지정보유통지원시스템홈페이지(http://seoji.nl.go.kr)와
국가자료공동목록시스템(http://www.nl.go.kr/kolisnet)에서 이용하실 수 있습니다.(CIP제어번호: CIP2019039932)

* 잘못된 책이나 파본은 구입하신 곳에서 바꿔드립니다.

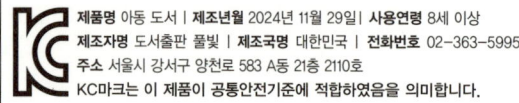
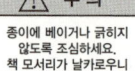

폭력
이것도 폭력이야?

김준형 글 | 류주영 그림

폭력은 우리 사회를 병들게 하는 악 중에 하나입니다. 과연 폭력이 무엇이며 그 시작과 끝은 어디인지, 폭력을 뿌리 뽑기 위해서는 어떻게 해야 하는지 알아봅니다.

GMO
유전자 조작 식품은 안전할까?

김훈기 글 | 서영 그림

GMO는 생명의 존엄성과 관련하여 끊임없이 논란이 되고 있는 첨단 과학 기술입니다. GMO가 무엇인지 알아보고, 정말로 인류에게 이로운지 GMO에 대한 진실을 살펴봅니다.

통일
통일을 꼭 해야 할까?

이종석, 송민성 글 | 최서영 그림

통일은 아직도 모두가 간절히 바라는 소원일까요? 북한은 어떤 나라일까요? 북한과 통일을 왜 해야 하는지, 통일을 한다면 어떻게 해야 하는지 깊이 있게 살펴봅니다.

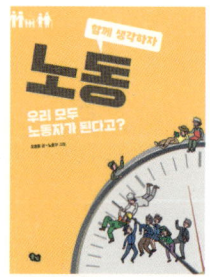

노동
우리 모두 노동자가 된다고?

오찬호 글 | 노준구 그림

인류는 아주 오래전부터 노동을 해 왔지만 노동을 둘러싼 고정 관념 때문에 터부시합니다. 노동의 진정한 의미를 살피고 어떻게 하면 노동에 대한 편견을 바로잡을 수 있는지 알아봅니다.

성평등
성 고정 관념을 왜 깨야 할까?

손희정 글 | 순미 그림

성 고정 관념은 차별을 만들어 낼 뿐만 아니라 우리를 가두는 거대한 편견입니다. 모두가 평등하고 행복한 세상을 만들기 위해서는 무엇을 해야 하는지 알아봅니다.